Schleswig-Holstein

Auf den Spuren der Landesgeschichte in den Museen

Günter Endruweit

SCHLESWIG-HOLSTEIN

Auf den Spuren der Landesgeschichte in den Museen

BOYENS

Ein großer Teil der hier erwähnten Museen ist nicht durch einen staatlichen oder kommunalen Kulturetat wenigstens minimal abgesichert, sondern wird von Bürgern und Bürgerinnen, oftmals in einem Verein zusammengeschlossen, dem die Gemeinde bestenfalls das Gebäude zur Verfügung gestellt hat, eingerichtet, finanziell unterhalten und organisatorisch betrieben. Ihr ehrenamtliches Engagement für die Erhaltung unserer Kultur ist höchste Anerkennung wert!

Zu danken habe ich den Herren Prof. Dr. Jörn Henning Wolf und Dr. Martin Westphal vom Museumsverband Schleswig-Holstein und Bernd Rachuth vom Boyens Buchverlag für manche sehr nützliche Hinweise.

BOYENS
BUCHVERLAG

ISBN 978-3-8042-1273-2

Herstellung: Boyens Buchverlag
Druck: Boyens Offset
Printed in Germany

INHALT

Schleswig-Holstein um 1620: Königliche, herzogliche, gemeinsame und sonstige Gebiete. Aus: Bonhge/Röhring, Schleswig-Holstein. Hamburg, Hoffmann & Campe 1980

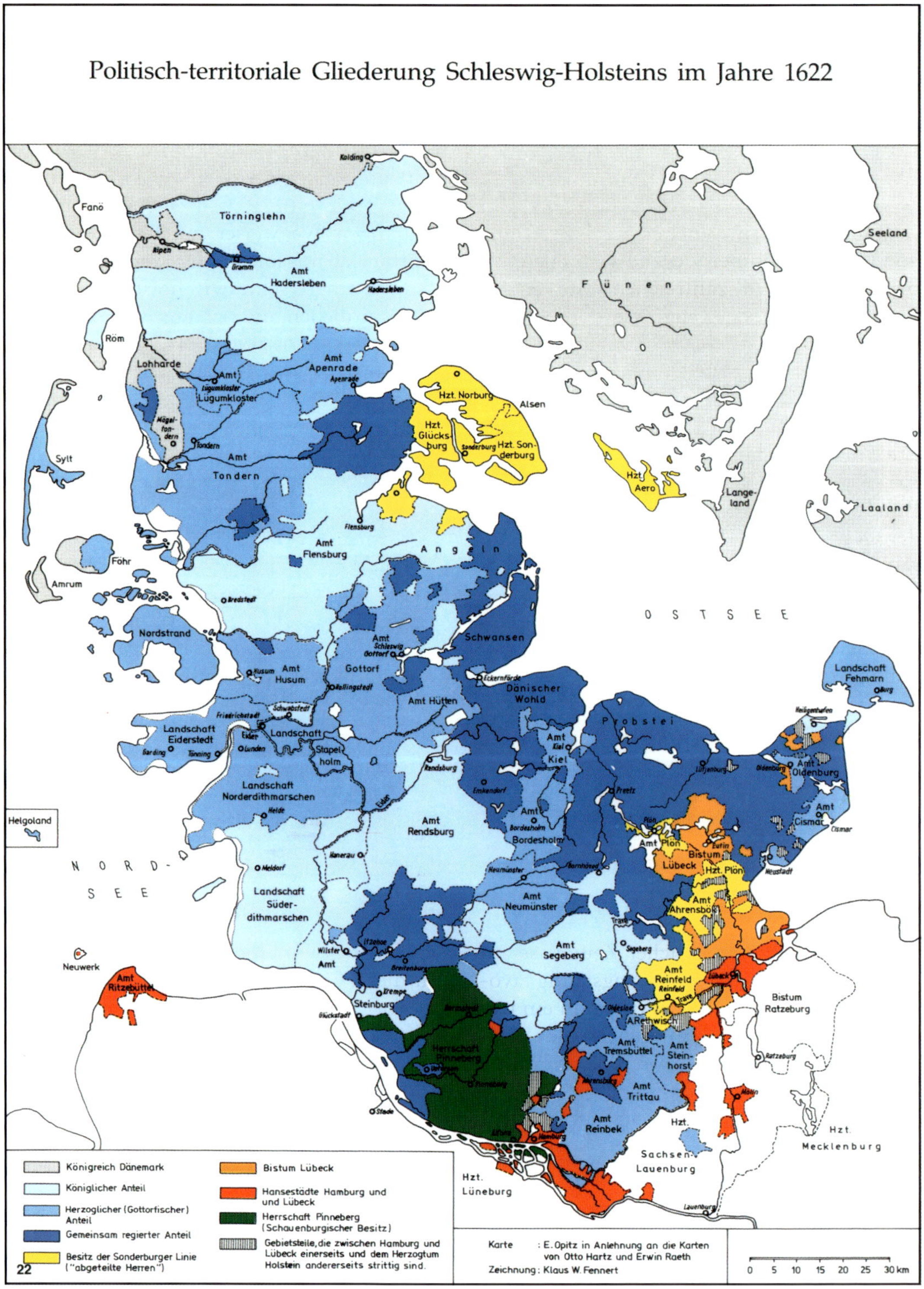

Geleitwort

Zu Beginn dieses Jahrhunderts forderten die Fraktionen aller im Schleswig-Holsteinischen Landtag vertretenen Parteien die Landesregierung auf, ein Konzept für die in der Koalitionsvereinbarung als kulturpolitische Aufgabe festgeschriebene „Präsentation der Landesgeschichte" vorzulegen. Dabei sollte es sich nach den damals herrschenden Anschauungen um eine – neben der Ausstellung von Objekten – überwiegend virtuelle Aufbereitung der in zahlreichen Museen im Land vorhandenen Zeugnisse der neueren Geschichte und Zeitgeschichte handeln. Nach Ablauf eines Jahrzehnts lautet das Resümee: Weder die Arbeit einer einberufenen Expertenkommission, die 2001 Ideen entwickelt und grundsätzliche Positionen für die Errichtung eines wie in mehreren anderen Bundesländern bereits bestehenden „Hauses der Geschichte" formuliert hat, noch die Beratungen eines weiteren Gremiums, das mit der kritischen Prüfung der Realisierungschancen des Projektes beauftragt war und in seinem Fazit gleichermaßen für die Verwirklichung des Vorhabens eintrat, beförderten die Erreichung des kulturpolitischen Ziels. Obgleich von vielen Seiten befürwortet, stellen wir gegen Ende des Jahrzehnts fest: aus den Plänen für ein „Haus der Geschichte" in Schleswig-Holstein ist vorerst nichts geworden. Mit allen damaligen Vorschlägen blieb auch der integrative Gedanke einer digitalen Vernetzung der in der hiesigen Museumslandschaft dezentral sich darbietenden Vielfalt landesgeschichtlicher Zeugnisse auf der Strecke. An die Stelle zwangsläufig favorisierter virtueller Medien tritt nun ein traditionelles Printmedium mit einem allerdings unvergleichlich weiteren Zeithorizont: das vorliegende Buch. Der aus der Wissenschaft kommende Autor, als Tagungsreferent den Museumsfachleuten indes seit Kurzem wohlbekannt und mit seinen Publikationsvorstellungen in den von ihm aufgesuchten Einrichtungen willkommen, liefert einen auf umfassender Spurensuche basierenden, präzis, substantiell und historisch hintergründigen Wegweiser zu den Stand- und Aufbewahrungsorten der verschiedenartigen Gattungen schleswig-holsteinischer Geschichtsquellen, die sich aus einer Zeitspanne von Jahrtausenden bis zur Moderne in den Museen und einschlägigen Institutionen finden. Zugleich verkörpert das ansprechend gestaltete Buch eine lebendig geschriebene, auf die dingliche Überlieferung menschlicher Kultur sowie die manifesten Überreste natürlichen Geschehens ausgerichtete illustrierte Landesgeschichte, gegliedert nach wesentlichen Themen, wobei die souveräne Auswahl und prägnante Darstellung des Stoffes in den einzelnen Abschnitten imponieren. Das historische Kompendium verlockt nicht nur zur Lektüre, sondern verleitet durch geschickt arrangierte Kolumnen mit detaillierten Informationen über die Aufbewahrungsorte und Besichtigungsmöglichkeiten der geschichtlichen Denkmäler und Gegenstände zu einem Besuch der Museen sowie persönlicher Inaugenscheinnahme und Erlebnis der Dinge im autochthonen Umfeld.

Ich beglückwünsche Verfasser und Verleger zu dieser im Spektrum der Museumsliteratur originellen Veröffentlichung und verspreche lebhafte Resonanz und den verdienten publizistischen Erfolg.

Jörn Henning Wolf
Vorsitzender des Museumsverbandes
Schleswig-Holstein

Die Herzogtümer Schleswig, Holstein und Lauenburg mit den Hansestädten Hamburg und Lübeck 1849

Vorwort

Dieses Buch behandelt die Geschichte Schleswig-Holsteins und zeigt, wie und wo sie in den großen, mittleren und kleinen Museen in Einzelkapiteln dargestellt wird. Das heutige Bundesland liegt auf einer Halbinsel, die geographisch die Kimbrische (auch: Cimbrische) heißt, benannt nach einem Germanenstamm, der um die Zeitwende dort wohnte. Der nördliche Teil wird zumeist als Jütland bezeichnet, der südliche oft als Nordelbien oder Nordalbingien – jedenfalls für die Zeit, als man noch nicht von Schleswig und Holstein als Staaten sprechen konnte. Jütland, bewohnt von den dänischen Jüten, war die weitaus meiste Zeit ein Teil des Königreichs Dänemark, Nordelbien dagegen war ein Treffpunkt mehrerer Völkerschaften, um deren Oberhoheit die mächtigeren Nachbarn stritten.

Dementsprechend verwickelt und bunt ist die Geschichte Schleswig-Holsteins. Lord Palmerston, der als Mitglied mehrerer englischer Kabinette des Öfteren mit Friedenskonferenzen nach Kriegen in Schleswig-Holstein befasst war, hat über die historischen Geschehnisse im Land einmal gesagt, „nur drei Menschen in ganz Europa hätten wirklich alle Hintergründe und Zusammenhänge verstanden. Einmal Prinz Albrecht, Gemahl der Queen Victoria, der aber sei tot. Dann irgendein deutscher Professor, der aber sei im Irrenhaus. Und schließlich er selber, aber ‚ich habe es vergessen'."*

Dieses Buch soll seine Leser nun nicht zum vierten, fünften, sechsten und soundsovielten Versteher der schleswig-holsteinischen Geschichte machen, zumal die drei ersten kein begehrenswertes Schicksal hatten; es bietet vielmehr nur eine Einführung in die Geschichte. Als solche will es einen ersten Eindruck von den Hauptereignissen und den Hintergründen der Entwicklung der einzelnen Landesteile vermitteln und dadurch etwas Verständnis für gegenwärtige Zustände und Probleme wecken. Das soll „in Zusammenarbeit" mit den Museen geschehen. Deshalb ist jedem Kapitel eine Übersicht über diejenigen Museen vorangestellt, die sich besonders intensiv mit der im folgenden Text beschriebenen Geschichtsepoche beschäftigen. Dem Museumsbesucher soll damit gezeigt werden, in welchem größeren Zusammenhang die Ausstellungsstücke zu sehen sind, und dem Buchleser soll damit gezeigt werden, in welchem Museum er den Text anschaulich illustriert findet. Zwischen diesen Beschreibungen entlang der Zeitachse gibt es einige „Themen"-Kapitel, die ihren Gegenstand (z.B. Adel oder Landwirtschaft) in einem in sich geschlossenen Überblick behandeln.

Wenn man so die Museen und das Buch verbindet, wird man manchmal darüber überrascht sein, wie früher oft pfiffige Problemlösungen gefunden wurden, aber auch darüber, wie man sich leichtfertig und rücksichtslos Probleme schuf. Insgesamt wird man aber auch merken, dass es uns heute so fürchterlich schlecht nun doch nicht geht. Und so ist es wohl nicht vermessen, dem Leser viel Vergnügen beim Lesen des Buches und beim Besuchen der Museen zu wünschen.

Günter Endruweit

* (zitiert nach: Paul Barz: Theodor Storm. Wanderer gegen Zeit und Welt, Berlin 2004, S. 179, der aber irrtümlich von Prinz Albrecht statt Prinz Albert schreibt; ähnlich Erich Maletzke: Die Schleswig-Holsteiner, Neumünster 2005, S. 99, der aber irrtümlich vom Prinzregenten statt Prinzgemahl schreibt – das nur als Beispiel für die kleineren Probleme der Geschichtsschreibung).

Die ältesten Zeugnisse der Geschichte: ausserhalb der Museen

Eiszeitmuseum Lütjenburg
In zwei Räumen kann man Gesteine aus den verschiedenen Herkunftsgebieten der Gletscher besichtigen, sich über den Ablauf der Eiszeit orientieren, Versteinerungen von Schnecken bis zu Mammutknochen studieren, den Abguss eines 3 m großen Mammuts (aus der Schweiz) untersuchen und interaktiv die Herkunftsorte von Leitgeschieben ermitteln.

Museum für Archäologie und Ökologie Albersdorf
hat neben Exponaten zur Stein- und Bronzezeit auch Informationen über die Eiszeit, u.a. über die Entstehung der Seemarschen und der Moore.

Eiszeit-Haus Flensburg
Entsprechend der Natur dieser Periode widmet sich das Museum vornehmlich der Geologie, und zwar häufig im Vergleich mit Skandinavien. Die Ausstellungsstücke stammen aus mehreren Sammlungen und enthalten beachtliche Funde. Kinder ab vier Jahre haben dort vielfältige Beschäftigungsmöglichkeiten.

Altonaer Museum für Kunst und Kulturgeschichte Hamburg
In einer großen Abteilung wird Norddeutschlands Erdgeschichte dargestellt durch Dioramen, Versteinerungen, Gesteinsproben, Schautafeln zur Eiszeit, das Modell einer Gletscherlandschaft und das Skelett eines Riesenhirsches. Erklärung von Kalkabbau, Ölförderung und Braunkohlesanden. Wandel des Nord- und Ostseeraumes in Landkarten über mehrere Jahrtausende.

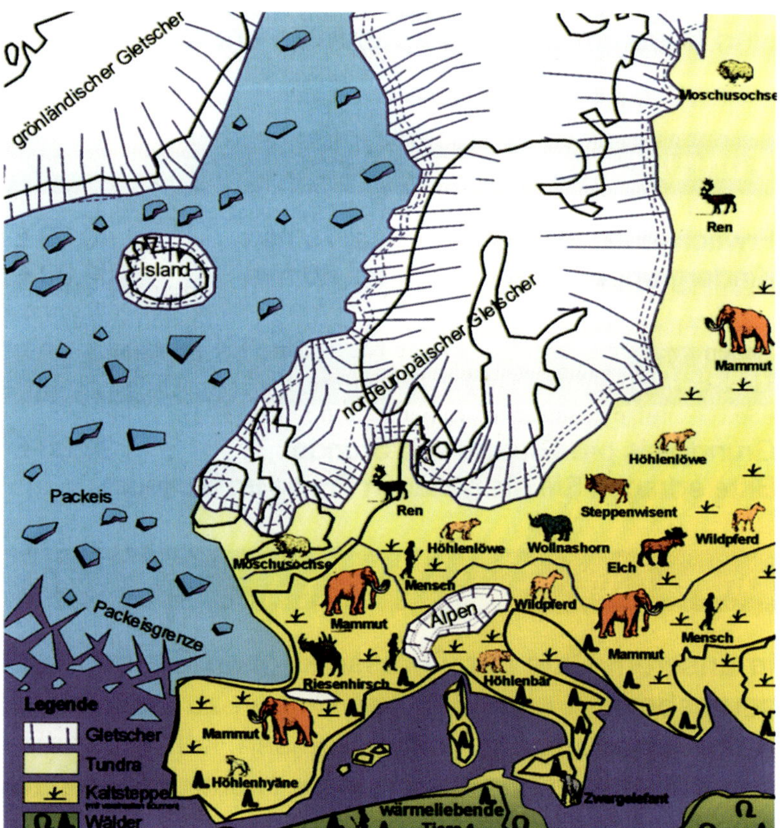

Schleswig-Holstein vor etwa 20.000 Jahren: der Osten unter dem nordeuropäischen Gletscher (Bild: Eiszeitmuseum Lütjenburg)

Was wir vom Anfang der schleswig-holsteinischen Geschichte besichtigen können, ist allen frei zugänglich. Denn der Anfang wurde nicht von Menschen gestaltet, sondern von der Natur; der Anfang ist Erdgeschichte. Die Zeugnisse dieser Geschichte finden wir in der Holsteinischen Seenplatte (ebenso in der Mecklenburgischen, der Pommerschen und der Masurischen Seenplatte). Vor etwa 13.000 Jahren, zum Ende der Weichseleiszeit, der letzten Phase des Plastozän, zogen sich die ursprünglich zwei bis drei Kilometer dicken Gletscher nach Skandinavien zurück und hinterließen in einer typischen Grund- und Endmoränenlandschaft im heutigen Ostholstein Hunderte von ausgeschabten und mit Schmelzwasser gefüllten Seen und dazwischen die zusammengeschobenen Hügel mit fruchtbarem Boden. Im Westen dagegen war der Mittelrücken mit wenig ertragreichem Geestland. Gleichermaßen formten die Gletscher die Förden als Meeresarme der Ostsee. Bis dahin war Nordelbien in Nord-Süd-Richtung praktisch zweigeteilt: im Osten die Gletscher und im Westen die Nordsee mit Ebbe und Flut, die mit dem Anschwemmen der Seemarschen den Anknüpfungspunkt für spätere Landgewinnungsmaßnahmen der Menschen schuf. Ähnlich wirkten die größeren Flüsse, z.T. Urstromtäler, die Sedimente vom Binnenland an die Mündungen brachten und so die Flussmarschen anschwemmten. Hebungen und Senkungen des Landes wegen der Veränderung der Erdbelastung durch die Gletscher führten an der Ostsee mehrfach zum Verrücken der Grenze zwischen Land und Meer, das es übrigens auch heute gibt, wenn an den Steilküsten der Ostsee die Sturmfluten in jedem Jahr bis zu 1 m vom Land abreißen. Die Grundlagen für die Touristik, die gerade in ansonsten wirtschaftsschwachen Gebieten für Umsatz und Arbeit sorgt, in der Holsteinischen Schweiz – ein Ausdruck, den schon der Dichter Klaus Groth benutzt hatte, den aber erst der werbetüchtige Hotelier Johannes Janus ab 1885 so recht in Umlauf brachte – und an der Ostseeküste haben also die Gletscher der Eiszeit gelegt. In den Kiesgruben Ostholsteins und an den Steilküsten der Ostsee kann man noch heute Versteinerungen finden, die aus der Eiszeit stammen. Der Eiszeit verdankt man auch die Kalksteinvorkommen, die Erdöllagerstätten und die Möglichkeit zur Nutzung von Braunkohlesanden.

Ein Geschenk der Eiszeit: ein Teil der Holsteinischen Seenplatte.
Aus: Topographischer Atlas Schleswig-Holstein und Hamburg. Wachholtz Verlag, Neumünster 1979

Flora und Fauna der nacheiszeitlichen Periode sahen in Nordelbien wie im übrigen Norden aus. Mammut, Wollnashorn, Ren, Riesenhirsch und Höhlenbär waren die größten Tiere. Über sie wissen wir aus Knochenfunden, die jetzt in den Museen zu sehen sind. Bei allen Grabungen und Zufallsfunden waren aber keine Menschenknochen, Siedlungsreste oder Überbleibsel von Gerätschaften dabei, obwohl Nachweise für das Leben von Neandertalern in der Nähe von Drelsdorf (Nordfriesland) gefunden wurden, die auf menschliches Leben schon vor 120.000 Jahren schließen lassen (ebenso Funde in Schalkholz, Kreis Dithmarschen, für die Zeit vor 80.000 Jahren). Am Ende der Eiszeit hielt sich der Mensch wohl eher in Mitteldeutschland auf; nach Nordelbien kam er erst später wieder, lange nachdem das Land um etwa 12.000 v. Chr. eisfrei geworden war. Die Museen erwähnen für diese Zeit daher den Menschen höchstens am Rande, wissen aber über Steine, Erden und Flechten viel zu berichten.

Anfang der Besiedlung: Steinzeit

Archäologisch-Ökologisches Zentrum (Steinzeitpark) Albersdorf
Das Zentrum ist ein 40 ha großes Freigelände, auf dem sich das rekonstruierte Steinzeitdorf und zumeist originale „Hünen"-Gräber befinden, ergänzt durch Weideflächen für alte Haustierrassen (u.a. Vielhornschafe und Parkrinder) und Ackerflächen für den Anbau von Nutzpflanzen, die schon in der Steinzeit in Gebrauch waren.

Museum für Archäologie und Ökologie Albersdorf
Das Museum stellt durch Fundstücke, Modelle und Schautafeln mit knappen, gut verständlichen Erläuterungen die Besiedlungsgeschichte der Region dar, insbesondere Mensch und Umwelt in der Steinzeit und danach, bäuerliche Kultur in der Jungsteinzeit sowie Bestattungsformen, Totenkult und Herstellung von Textilien aus Bast, Binsen und Brennnesseln. Im Ökologieteil u.a. eine Anlage zur Simulation von Bodenerosion.

Eiszeitmuseum Lütjenburg
Aus der Steinzeit werden hier u.a. Speer- und Pfeilspitzen, Harpunen, Angelhaken, Bohrer, Nähwerkzeug und Schaber aus Flintstein bzw. Knochen gezeigt sowie die Verwendung von Bernstein als Schmuck, weiterhin ein rekonstruiertes Wohnzelt und Kleidung.

Archäologisches Landesmuseum, Schleswig-Holsteinische Landesmuseen Schloss Gottorf, Schleswig
Das Museum, 1835 in Kiel als Museum vaterländischer Alterthümer gegründet, gehört zu den ältesten und größten seiner Art in Deutschland. In zwei Stockwerken des Schlosses Gottorf zeigt es Funde, Modelle und bildliche Darstellungen zum Siedeln, Jagen, Bestatten (z.B. mumifizierte Moorleichen), Essen, Wohnen usw. in der Steinzeit sowie aus der Bronze- und Eisenzeit. Die Sammlung ist sehr reichhaltig und durch genaue und ausführliche Texte erläutert, oft mit Hinweisen auf Ausgrabungstechniken.

Max sien Steenstuv (Max' Steinstube) Brammer
1924 fand der 15-jährige Bauernsohn Max Beecken einen seltsamen Stein in seiner Heuharke. Experten sagten ihm, das sei ein steinzeitliches Werkzeug. Damit begannen 70 Jahre Sammlertätigkeit. Sie wird jetzt von seinem Schwiegersohn Max Sievers und Ehefrau Ute fortgesetzt. So sind über 10.000 Fundstücke in ansprechender Präsentation zusammengekommen: Waffen, Werkzeuge, Schmuck, Getreidemühle usw. – ergänzt durch sparsame Beschriftung, Zeittafeln und Karten der Fundstellen.

Megalithgrab bei Idstedt
Das Ganggrab stammt aus der Jungsteinzeit um etwa 3.400 v. Chr. Es besteht aus neun Wandsteinen und drei gewaltigen Decksteinen, ist gut erhalten und ganzjährig frei begehbar (Taschenlampe ist nützlich).

Über die Steinzeit auf der Kimbrischen Halbinsel haben wir vielerlei Erkenntnisse aus Grabungen. So wurde bei dem Dörfchen Berlin im Kreis Segeberg eine Siedlung ausgegraben, die von etwa 3.000 bis 1.800 v. Chr. bestanden hat und zeigt, dass das holsteinische Berlin viel älter ist als das brandenburgische. Zumeist erst im 19. Jahrhundert fand man oft bei Bauarbeiten an den Förden und den Binnenseen allerlei Zeugnisse steinzeitlicher Siedlungen, aus denen man erkannte, dass die Ufer in den letzten Tausenden von Jahren um mehrere Meter abgesunken sein müssen, weil der Meeresspiegel anstieg.

Das entscheidende neue Material in der älteren Steinzeit war der Flintstein, der in Jütland sogar bergmännisch gewonnen und der schräg behauen wurde und dabei viele Werkzeuge zum Schneiden, Stechen und Schaben hergab. Damit wurden Jagd und Fischerei zur Nahrungsgrundlage für immer größere

Bevölkerungen. Auch Waffen wurden in großer Zahl hergestellt. Was in Museen manchmal als Axt bezeichnet wird, ist in der Regel kein Werkzeug, sondern eine Streitaxt, also eine Waffe. Ackerbau wurde wohl noch nicht betrieben. Erst beim Übergang von der mittleren zur jüngeren Steinzeit wurden die Sammler und Jäger zu Bauern.

Aus der jüngeren Steinzeit, die etwa von 5.000 bis 2.000 v. Chr. dauerte, sind die Funde zahlreicher und vielfältiger als aus der älteren. Die Steinwerkzeuge wurden besser, und Tongefäße wurden hergestellt und benutzt. Schleifen, Polieren und Sägen von Stein mit Quarzsand waren neue Bearbeitungstechniken. Die meisten Werkzeuge, Schmuckstücke und Waffen wurden als Grabbeigaben gefunden. Typisch war das sog. „Hünengrab“ (eine falsche Bezeichnung; denn die Steinzeitmenschen waren nicht besonders groß), aus Steinblöcken errichtete Vierecke, die mit einem oder mehreren großen Decksteinen abgeschlossen wurden. In Albersdorf und in vielen anderen Orten der Geest gibt es solche Anlagen, oft mit Erde bedeckt und bewachsen. Man unterscheidet nach Form und Größe – es gibt über 100 m lange – u.a. Dolmen, Langsteinbetten und Ganggräber. Nach Funden in Karlsminde, Kreis Rendsburg-Eckernförde, konnte ein Großsteingrab für über 100 Tote rekonstruiert werden. Es gab über 6.000 solcher Grabanlagen in Nordelbien. Über 90

Eine frühe Küchenmaschine: Kornmühle in Max sien Steenstuv in Brammer (Foto: Fam. Sievers, Brammer)

Prozent von ihnen wurden zur Vereinfachung der Landwirtschaft oder zur Gewinnung von Baumaterial zerstört.

Von Zelten aus Renfellen zog man in feste Häuser um, betrieb Ackerbau und konnte Korn mahlen (Einkorn, Gerste, Emmer; dazu wurden verspeist: Erbsen, Linsen, Lein, Mohn, Beeren), Körbe flechten und Netze knüpfen. Neben dem Hund hielt man auch andere Haustiere. Eine Arbeitsteilung, die diesen Namen verdient, gab es wohl nur zwischen Mann und Frau.

Es gibt Hinweise auf Einwanderung von Süden her und von Warenaustausch bis nach Thüringen hin. Die soziale Organisation beruhte auf dem Familienverband, der Horde oder höchstens dem Stamm; irgendwelche Formen von beginnender Staatlichkeit sind nicht zu erkennen, zumal sich auch keine soziale Differenzierung in Hoch und Niedrig deutlich nachweisen lässt.

Parkrind mit Kalb im Steinzeitpark Albersdorf (Foto: AÖZA Albersdorf)

Handel und Wandel: Bronze- und Eisenzeit

Museum für Archäologie und Ökologie Albersdorf
zeigt für den Raum Dithmarschen Exponate zur Eisengewinnung und Töpferei in der Eisenzeit, eine reichhaltige Sammlung von Gefäßen, Geräten und Waffen aus der Bronzezeit, Nachbildungen von bronzezeitlichen Luren und einen ganzen Raum für Bernsteinbearbeitung.

Archäologisches Landesmuseum, Schleswig-Holsteinische Landesmuseen Schloss Gottorf, Schleswig
Das Museum hat zahlreiche und eingehend erläuterte Funde aus der Bronze- und Eisenzeit, auch solche, die die weitläufigen Handelsbeziehungen belegen (z.B. römische Münzen). In der Nydam-Halle sind das berühmte gleichnamige Boot ausgestellt sowie Moorleichenfunde.

Heinrich-Sauermann-Haus auf dem Museumsberg Flensburg
Zu sehen sind Geld-, Schmuck- und Gefäßfunde aus Torfmooren aus der Bronze- und Eisenzeit. Weiterhin ein Modell des Nydam-Bootes.

Weitere Funde und Informationen zur Bronze- und/oder Eisenzeit:
Museum des Kreises Plön in Plön, Kreismuseum im Herrenhaus Ratzeburg, Schlossmuseum Glücksburg, Sylter Heimatmuseum Keitum, Museum der Grafschaft Rantzau in Barmstedt (u.a. Rennfeuerofen).

Die beiden hier folgenden Perioden werden wie bei der Steinzeit nach dem vorherrschenden Material benannt, nämlich die Bronze- (2.000 bis 500 v. Chr.) und die Eisenzeit (500 v. bis 500 n. Chr.). Die Verwendung von Metall für Waffen, Haushalts- und Ackergeräte sowie Schmuck gab Anlass für weitreichende Handelsbeziehungen, die Rückwirkungen auf die Sozialstruktur in Nordelbien hatten. Auch eisenzeitliche Fälle von Völkerwanderungen mögen Ursache von Warenaustausch gewesen sein.

Die ältesten Bronzefunde nördlich der Elbe stammen aus dem Mittelmeerraum; umgekehrt fand man in griechischen Heldengräbern jener Zeit Ostsee-Bernstein. In Nordelbien kam man durch diesen Austausch unter Überspringen der Kupferzeit gleich an die Bronze, eine Legierung von Kupfer und Zinn, zumeist im Verhältnis vom 9:1. Das Schwert war eine der bedeutsamsten Innovationen der Bronzezeit.

Die Kenntnisse über diese Zeit stammen zumeist aus Grabstätten, von denen man etwa 30.000 allein aus der Eisenzeit fand. Bei der Bestattung ging man von der Erd- oder Steinsargbestattung mehr und mehr zur Feuerbestattung mit Urnenablage über. Das lässt auf eine Änderung der Jenseitsvorstellungen schließen. Zugleich zeigte sich in den Gräbern eine größere Differenzierung von Arm und Reich, wobei die Reichen länger unverbrannt in Grabbauten mit Steinwand und Holzdach bestattet wurden, darüber Erdaufschüttungen. In diesen Gräbern fand

Rohbernstein im Museum für Archäologie und Ökologie in Albersdorf (Foto: Museum)

Ein bronzezeitliches Blasinstrument, wahrscheinlich für kultische Zwecke: die Lure, im Museum für Archäologie und Ökologie in Albersdorf (Foto: Museum)

man manchmal auch goldene Grabbeigaben. Die Urnenfriedhöfe enthielten die Urnen oft dicht bei dicht und erhoben sich nur wenig über den Erdboden. Nicht zu den Bestattungsriten gehören die sog. Moorleichen, die ganz überwiegend aus der Eisenzeit stammen und von denen es in Norddeutschland besonders viele gibt. Sie waren zumeist Hingerichtete, Verbrechensopfer oder auch religiöse Menschenopfer.

Die ersten Eisenwerkzeuge und -waffen waren Importe aus den Alpen. Spätestens als man auf der Kimbrischen Halbinsel Raseneisenerz fand, gab es auch hier Verhüttung und Schmieden, die ihrerseits exportierten. Neben den üblichen Gerätschaften gab es im 3. Jahrhundert schon Kettenhemden und metallbeschlagenes Zaumzeug. Die Häuser hatten erstmals Innenwände. Im 4. Jahrhundert waren in Nordelbien römische Silberdenare, die zwischen 69 und 217 n. Chr. geprägt worden waren, in Umlauf.

Ein besonders eindrucksvolles Verkehrsmittel aus der Eisenzeit wird in der Nydam-Halle in Schleswig ausgestellt: das um 320 n. Chr., also vor allen Wikingerbooten, gebaute Nydam-Boot, ein Ruderboot von 23 m Länge und 3,25 m Breite. Es hatte eine Wasserverdrängung von 8,8 t, eine Besatzung von 45 Mann, davon 30 Ruderer. Es wurde 1859 im Moor von Nydam, Gemeinde Östersottrup (Nordschleswig), gefunden.

Im 1. und 2. Jahrhundert n. Chr. kam die Runenschrift auf. Schriftliche Zeugnisse aus dieser Zeit haben einige Angaben aus Tacitus' ansonsten sehr verdienstvoller Schrift „De origine et situ Germanorum“ aus dem Jahr 98 n. Chr. widerlegt.

Auf der Wanderung: Kimbern, Sachsen, Angeln, Jüten, Friesen, Slawen

Danevirke Museum Dannewerk
Durch ausführliche Tafeln in Dänisch und Deutsch wird die Geschichte der Befestigungsanlage Danewerk von 650 bis heute beschrieben und durch archäologische Funde und Schaustücke sowie Bilder illustriert. Sie ist das größte erhaltene Bodendenkmal Nordeuropas. Eine ausgegrabene Strecke lässt gut die Kombination aus Erd- und Steinbefestigungen erkennen.

Oldenburger Wallmuseum Oldenburg
Übersichtliche Karten zur Völkerwanderung und zur Besiedlungsgeschichte Nordelbiens, nicht nur der slawischen Gebiete.

Bis in die ersten Jahrhunderte nach der Zeitwende hatten im heutigen Schleswig-Holstein wohl nur (süd-)germanische Stämme gewohnt, wie man aus den Skelettfunden und einer recht bruchlosen Entwicklung schließt. Als sich die Römer in der ersten Hälfte des 5. Jahrhunderts aus England zurückzogen, bildeten sich dort kleine Reiche, in die ab 449 n. Chr. Jüten, Angeln und Sachsen, vermutlich mit Fahrzeugen ähnlich dem Nydam-Boot, einwanderten, um als Söldner im Kampf gegen Skoten und Pikten zu dienen. Im Laufe der Zeit aber übernahmen sie – oft durch Hinterlist – die Herrschaft in den Gebieten und bildeten sieben kleine Königreiche. In die ausgedünnten Landschaften zwischen den Meeren drängten nun andere Völkerschaften, zwischen denen die Eider eine Grenze bildete. Im Norden lebten an der Nordsee die Friesen, im Osten mit dem Rest der Angeln verschmolzene dänische Jüten, im Süden siedelten an der Westküste die zu den Sachsen gehörenden Dithmarscher sowie an der Elbe Holsaten und Stormarn und im Osten Slawen, vor allem Wagrier, Obotriten und Polaben. In manchen Quellen werden noch andere Namen genannt, die zumeist Bezeichnungen für Teile der hier aufgeführten Gruppen sind oder Sammelbezeichnungen, wie „Wenden" für alle Slawen. Diese Vierteilung der Besiedlung kann man heute noch recht genau an der Verteilung von Ortsnamen in vier Sprachen nachvollziehen. Zwischen diesen Siedlungsgebieten gab es dünn oder gar nicht bewohnte Landstriche.

Es gab auch „interne Völkerwanderungen". Ein Beispiel sind die Friesen, die vom Geestrücken in die Marschen hinunterzogen, nachdem sie diese durch Wurten oder Warften (Erdaufschüttungen für Wohngebäude und Stallungen zum Schutz bei Überflutungen durch die Nordsee) und Deiche bewohnbar gemacht hatten. Besonders mobil zeigten sich die Wikinger, die aber kein Stamm, sondern eher eine Art Berufsgruppe waren (vgl. dazu das nächste Kapitel). Wodurch diese Völkerwanderungen ausgelöst wurden, ist in vielen Fällen noch nicht eindeutig geklärt. Als Beispiel für die „Praxis" der Völkerwanderung mögen die Kimbern, ein besonders frühes Wandervolk, dienen: Sie wanderten, möglicherweise durch eine Sturmflut vertrieben, von ihrem Stammsitz im nördlichen Jütland nach Schlesien und Böhmen, dann nach Noricum, schlugen 113 v. Chr. ein römisches Heer und wollten sich westlich des Rheins ansiedeln. Als Rom das ablehnte, kämpften sie jahrelang siegreich gegen römische Heere (105 v. Chr. gleich gegen drei), bis sie in Spanien von den Keltiberern zurückgeschlagen wurden. Darauf fielen sie mit verbündeten Völkerschaften in Oberitalien ein, wo sie aber 101 v. Chr. völlig vernichtet wurden. Ein Teil war aber in Gallien geblieben und vermischte sich dort mit den Kelten.

Nach 650 setzten sich die slawischen Obotriten (auch Abotriten oder Abodriten genannt) an der Kieler Förde fest, und man begann in der Nähe von Schleswig mit dem Bau einer großen Verteidigungsanlage, des Danewerks. Es sperrte auf 30 km Länge mit einer Höhe von 6 bis 7 Metern den Durchgang zwischen Haithabu und der Treene und sollte den Norden gegen den Süden schützen. Dieses Bauwerk wurde immer wieder erneuert und verstärkt, u.a. vom Dänenkönig Göttrik 808 gegen Karl den Großen.

Ein freigelegtes Stück der Waldemarsmauer, eines Teils des Danewerks, im Danevirke Museum Dannewerk (Foto: Museum)

Obwohl es schon im 13. Jahrhundert militärisch überholt war, wurde es weiterhin genutzt, zuletzt im 2. Weltkrieg für Abwehrstellungen der deutschen Wehrmacht gegen alliierte Luft- und Panzerangriffe aus dem Norden.

Die Sozialstruktur beruhte bei den meisten dieser Gruppen auf Ständen: Adlige, Freie, Freigelassene und Sklaven, wobei die Freien den Kern bildeten. Die Wirtschaft hatte den Ackerbau zur Grundlage. In den Siedlungen erhielt jeder Freie einen sog. Toft, eine Hofstelle mit eingezäunter Hauskoppel. Alles Übrige verblieb in Gemeineigentum. Die Ackerflächen wurden zuerst gemeinsam bewirtschaftet, dann individuell zur Bewirtschaftung aufgeteilt, wobei sich die Größe nach der Bodenqualität richtete. Die Nutzung von Wiesen, Wald, Gewässern usw. erfolgte weiterhin gemeinschaftlich. Mehrere Dörfer mit zusammen etwa 120 Familien bildeten eine „Hundertschaft", im Schleswigschen Harde genannt, deren Vorsteher oft als Jarl (altnord. ursprünglich für einen Freien aus vornehmer Familie, dann – wie hier – Verwalter einer größeren Gebietseinheit, schließlich Adliger etwa auf Grafenebene; vgl. engl. Earl) bezeichnet wurde. Diese Einheiten hatten jeweils ein Thing, eine Versammlung der Freien unter freiem Himmel, die als Parlament und Gericht zugleich fungierte. Sie war auch identisch mit dem Heer. Freigelassene und Sklaven hatten daran keinen Anteil, sie standen aber unter dem Schutz eines Freien.

Die kleinste soziale Einheit bildete die Familie, deren Oberhaupt eine rechtlich sehr starke Stellung hatte. Es konnte z.B. schwächliche Kinder aussetzen oder töten; aber insgesamt wurde die Herrschaft wohl recht milde ausgeübt, und der römische Schriftsteller Tacitus rühmte gar das ehrerbietige Verhalten der Männer gegenüber den Frauen. Mehrere Familien mit verwandten Oberhäuptern bildeten eine Sippe oder ein „Geschlecht". Besonders angesehene unter ihnen bildeten sich langsam zu einer Art Adel aus, der aber, jedenfalls im Anfang, keinerlei Vorrechte im Thing oder bei der Fürstenwahl hatte.

Die Religion bestand damals, allerdings nach Stämmen und Regionen in unterschiedlichen Fassungen, aus einem Kosmos von Göttern (Asen), mit denen man einzelne Phänomene in Verbindung brachte. Der oberste Gott war Wotan (Wodan, altnord. Odin), der als wehender Lebensspender geistige Arbeit beflügelte, Siege verlieh und alles wusste. Neben ihm thronte Freya, seine Gattin, altnord. auch Fregg genannt und für die Liebe zuständig. In zweiter Reihe gab es die „Fachgötter", so Donar (altnord. Thor), den Gott des Gewitters und damit des Regens und Ackerbaus, den Lichtgott Baldur, den Wertegott Zin (altnord. Tyr) und den Rechtsgott Forseti. Daneben bevölkerten Zwerge, Elfen und Nixen die Vorstellungswelt. Kulthandlungen wurden in heiligen Hainen, später auch in Tempeln vollzogen, und zwar hauptsächlich vom Familienoberhaupt oder von politischen Führern in größeren sozialen Einheiten.

Die Wikinger

Wikinger-Museum Haithabu in Haddeby
Das Museum bringt in mehreren wetterfest verbundenen Gebäuden gut verständliche Darstellungen der einzelnen Lebensbereiche, z.B. Bestattung, Bekleidung, Religion, die bei Mithilfe von Erwachsenen auch für Kinder ab etwa 7 Jahre interessant sind. Ausgrabungsfunde, Modelle, Runensteine und Rekonstruktionen illustrieren die Entwicklung der Stadt, von Handwerk und Handel.

Zum Museum gehören die Wikinger-Häuser Haithabu, die vom Museum etwa 1 km Fuß- und Radweg entfernt sind und am ursprünglichen Standort der Stadt am Haddebyer Noor liegen. Sie sind vorbildgetreue Rekonstruktionen, lehmverputzte Flechtwandhäuser, die durch Bohlenwege verbunden sind. Im Sommer museumspädagogische Programme.

Stadtmuseum Schleswig
Zur Wikingerzeit zeigt das Museum in Bildern und Filmen die Entwicklung von Haithabu zu Schleswig. Reproduktionen von Runensteinen, Urkunden und Annalen sowie Landkarten beschreiben u.a. die Machtbereiche.

Unter den Germanen, die nach Nordelbien einwanderten, waren auch die Wikinger. Sie werden hier etwas eingehender behandelt, weil sie eine so interessante Gruppe waren. Sie waren keineswegs ein eigenes Volk oder ein eigener Stamm. Ursprünglich war nach ihrem Selbstverständnis ein Wikinger ein Skandinavier, der sich mit anderen zumindest für eine Sommersaison zur Seefahrt verabredete und dabei überwiegend von Beutezügen lebte. Sein Bruder, der auf dem Bauernhof geblieben war, wurde also kein Wikinger; und wenn er selbst auf den Bauernhof zurückkehrte, war er Wikinger a.D. Sie waren oft zweite und dritte Bauernsöhne und ihre Anführer zweite und dritte Königssöhne.

Aus Legenden, Filmen und Bildergeschichten, wo sie oft als Riesen dargestellt werden, obwohl Männer durchschnittlich 1,65 m, Frauen 1,57 m groß waren, kennt man die Wikinger als trinkfreudige, rauflustige, räuberische bis mörderische Seefahrer. So traten sie auch wirklich auf. Küstenstädte, Klöster, Kirchen und Siedlungen flussaufwärts, die sie wegen des geringen Tiefgangs ihrer Boote leicht erreichen konnten, wurden überraschend überfallen und ausgeraubt, ihre Bewohner wurden als Sklaven mitgenommen, und oft wurde der Tatort niedergebrannt, so z.B. Hamburg im Jahr 845. Nach ihren vorchristlichen Wertmaßstäben war Piraterie keine strafwürdige Tat, sondern Warenbeschaffung zu riskanten, aber günstigen Bedingungen.

Gerade in Haithabu zeigte sich aber auch ein anderer Wikinger. Auch er war ein erfahrener und mutiger Seefahrer, aber er lebte zunehmend von Handel und Handwerk. Der Bau von Schiffen, die so aussahen wie auf dem Markenzeichen der Autofirma Rover (in Mittelengland entstand eines der ersten nichtskandinavischen Wikinger-Königreiche), erreichte hohe Perfektion, obwohl die Säge noch unbekannt war. Eisenschmiede stellten hervorragende Waffen und Bauzubehöre her. Gold- und Silberschmiede begannen mittels Patrizen die Serienproduktion. Töpferei und Herstellung von Kämmen waren hoch entwickelt. Auch wenn man noch nicht sagen kann (die Haithabu-Forschung begann erst 1897), inwieweit Handwerker nur von ihrem Handwerk leben konnten, gab es hier Anfänge von Arbeitsteilung und Marktproduktion.

Das Alltagsleben war einfach, aber im Vergleich zur Landwirtschaft abwechslungsreich. Die Häuser waren zumeist Pfostenkonstruktionen mit Wandteilen aus geflochtenen Zweigen, die beidseitig mit Lehm bestrichen waren. Die Dächer waren mit Schilf gedeckt. Damit die Wege auch bei Schlamm nutzbar waren, bestanden sie aus Holzbohlen; Holzwagen dienten als Transportmittel. Geschlafen wurde auf niedrigen Podesten, die mit Fellen oder selbstgewebten Textilien belegt waren. Abgehängte (gegen Ungeziefer) Borde, Tranlampen und Truhen gehör-

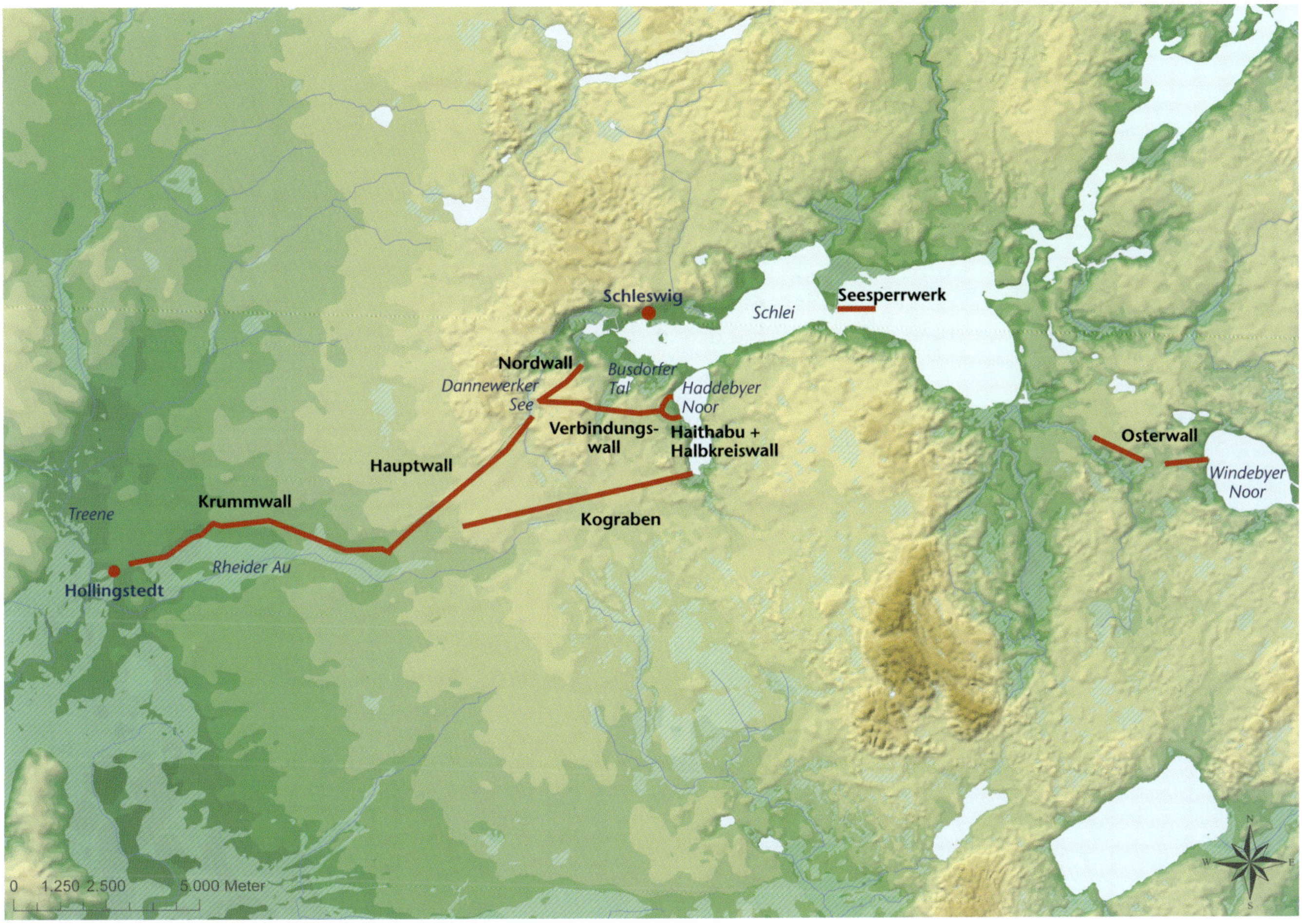

Das Danewerk und Haithabu in ihrer Umgebung. Aus: DenkMal! 2010

ten zur Einrichtung. Die Küchenausstattung mit Metall- und Keramikgefäßen war relativ reichhaltig.

Die Nahrung beruhte auf Roggen, Hafer, Hirse, Spelzgerste, Nüssen, Bucheckern, Wildfrüchten und Pilzen. Es gab auch Fleisch von Haustieren (von allen heute üblichen) sowie Fisch und gejagtes Wild.

Viele Menschen starben allerdings in den ersten zehn Lebensjahren, die meisten mit dreißig bis vierzig Jahren; es gab aber auch einige 80-jährige.

Haithabu lag am Haddebyer Noor (niederdt. Noor = hochdt. Haff) und war ursprünglich wohl eine friesische Siedlung. Die Wikinger wählten diesen Platz vermutlich wegen seiner günstigen Verkehrslage. Nach Haithabu kam man von der Ostsee über die Schlei, die kein Fluss, sondern ein langer, schmaler Meeresarm ist, direkt in das Noor, eine Ausbuchtung der Schlei. Hier am Ende des leicht zu überwachenden Meeresarmes war man relativ sicher vor Überraschungsangriffen von See. Dann war es ein Landweg von nur gut 20 km, um ab Hollingstedt mit dem Schiff über Treene und Eider in die Nordsee zu kommen. Das ersparte den zeitraubenden und vor allem gefährlichen Weg durch das Skagerrak. Zudem kreuzte hier in Nord-Süd-Richtung der östliche Heer- oder Ochsenweg, eine von Jütland bis ins Rheinland führende Viehtriebs-, Handels- und Truppenaufmarschstraße.
In einem Handelsgebiet, das von England bis Russland und vom Nordkap bis ins Mittelmeer reichte, war Haithabu im 9. und 10. Jahrhundert der bedeutendste Warenumschlagsplatz im Norden, also ein natürlicher Knotenpunkt – ähnlich wie später Lübeck in der Hanse. Deshalb war es auch Knotenpunkt in manch anderer Hinsicht. Als hier um 810 die Bautätigkeit begann, trafen sich, in einem allerdings dünn besiedelten Gelände, Dänen, Friesen, Sachsen und Obotriten mit ihren Hoheitsgebieten. Hier stießen auch die Münzgeldwirtschaften des Westens und

die Gewichtsgeldwirtschaften des Ostens und Nordens aufeinander. Zugleich war hier die Grenze zwischen dem noch heidnischen Norden und dem schon christianisierten Süden, z.T. entlang des Danewerks. Solche Grenzen reizen aber auch zur Grenzüberschreitung, nicht nur politisch, sondern auch religiös: Um 850 wird in Haithabu eine Kirche gebaut, 854 der christliche Glaube jedoch verboten, 948 hingegen ein Bistum gegründet. Um 950 war Haithabu mit einem halbrunden Wall umgeben und gänzlich besiedelt. Mit über 1.000 Einwohnern war es zeitweise größer als Köln.

Als sich die Königsherrschaften in Skandinavien verfestigten, verringerte sich die Bedeutung Haithabus und der Wikinger allgemein. Die Stadt, die kaum jemals über 2.000 Einwohner gehabt hat, aber durchaus wohl im gegenwärtigen Sinne „multikulturell" war, wurde 1050 von norwegischen Truppen zerstört, nach kurzer Erholung, während der 1063 sogar eine skandinavische Bischofskonferenz nach Haithabu einberufen wurde, 1066 von westslawischen Truppen wiederum zerstört. Danach begann ab 1074 der Aufstieg Schleswigs, das schon 804 erwähnt wurde und die älteste Stadt des Landes ist. Gegenüber Haithabu war es leichter zu verteidigen, weil es anfänglich nur auf einer Insel lag. Bei Grabungen 1978–82 fand man Fundamente eines Gebäudes, das möglicherweise eine Königspfalz gewesen war. Dann erweiterte sich die Stadt auf das Festland. Der dort gelegene Dom, dessen weithin sichtbarer Turm von 112 m Höhe aber erst aus dem 19. Jahrhundert stammt, wird 1134 erstmals erwähnt, ist aber wohl älter.

Thema: Schiffbau und Häfen

Angesichts der Lage Schleswig-Holsteins als „Land zwischen den Meeren" ist es geradezu selbstverständlich, dass man hier sehr früh mit dem Schiffbau begann. Bereits vor etwa 4.000 Jahren wurden Einbäume und Rindenkanus benutzt. Das Nydam-Boot, gebaut um 320 und jetzt zu sehen im Archäologischen Landesmuseum in Schleswig, war schon ein hochseetüchtiges Schiff der Germanen, 23 m lang, mit Bordwänden aus je sieben Eichenplanken, mit Eisennieten befestigt und durch Spanten in Form gehalten. Nachdem die Schiffe auch Segel benutzten, konnten sich ab dem 7. Jahrhundert Fernhandel, ein Kaufmannsstand, Städte und Häfen entwickeln; denn neben Kriegsschiffen baute man nun vermehrt Handelsschiffe, so die schon durch ihre starke Breite für Warentransporte ausgelegte Knorr. Diese wurde zu Hansezeiten von der Kogge abgelöst, und dann folgten immer schneller neue Typen, wie die Holk, Karavelle, Karacke, Pinasse, die alle besondere Eigenschaften für die jeweiligen Zwecke hatten. Die allgemeine Tendenz: größer, schneller, windrichtungsunabhängiger. Noch heute baut die Museumswerft Flensburg Schiffe nach diesen alten Mustern, nicht nur als Modelle, sondern auch in Originalgröße. Die Steigerung der landwirtschaftlichen Produktion im 16. Jahrhundert erlaubte die Ausfuhr großer Mengen Korn bis nach Italien und manchen weiteren Außenhandel auf einheimischen Schiffen. Dadurch wurde nicht nur der Adel reich, z.B. die Rantzaus, sondern auch manche Bauern an der Westküste, die ihrerseits wieder in die Schifffahrt investierten.

Das erste wirtschaftlich zu betreibende Dampfschiff wurde zwar schon 1809 patentiert, aber es dauerte etwa hundert Jahre, bis die neue Technik die Segelschifffahrt überholte. Denn auch die Segler wurden modernisiert. Sie erhielten z.B. Stahlrümpfe und konnten dadurch größer werden. So hatte Deutschland 1898 nur 25 Segelschiffe mit Stahlrumpf, 1905 aber schon 58. Die Entwicklung war aber nicht umkehrbar. Im Hafen Flensburg war das Verhältnis von Segel- zu Dampfschiffen 1861 112:3, 1873 35:12, 1878 35:18, 1893 9:58. Aber alle Maschinenantriebe machten den Schiffbau zur Schwerindustrie mit einer Menge von spezialisierten Zulieferbetrieben. Als die Howaldtswerke Deutsche Werft (HDW) in Kiel noch etwa 4.000 Beschäftigte hatten, hatten sie etwa 5.000 Zulieferbetriebe in ganz Deutschland, so dass fast 50.000 Menschen vom Kieler Schiffbau lebten.

Jetzt beschäftigt HDW noch etwa 2.400 Mitarbeiter. In ganz Schleswig-Holstein sank die Zahl der Werftbeschäftigten von 31.000 im Jahr 1958 (1960 zählte man noch 28 Werften im Land) über 20.000 in 1968 auf 7.000 in 1995 und jetzt weniger als 5.000. Bedeutendere Werftstandorte sind zur Zeit noch Kiel (der weitaus größte, u.a. mit den Werften HDW mit etwa 2.400 Mitarbeitern und Lindenau mit 370 Mitarbeitern), Flensburg (Flensburger Schiffbau GmbH mit 750 Mitarbeitern), Rendsburg (Nobiskrug mit 430 Mitarbeitern), Schacht-Audorf (Lürssen mit 87 Mitarbeitern), Lauenburg (Hitzler mit 66 Mitarbeitern), Wewelsfleth (Peters mit 110 Mitarbeitern). Daneben gibt es eine größere Anzahl kleinerer Betriebe, die aber zumeist nur Sport- und Freizeitboote bauen. Aber auch die Großen haben sich spezialisiert, so HDW auf Containerschiffe, Großyachten und U-Boote, die Flensburger Schiffbau-Gesellschaft auf RoRo- und Marineschiffe, die Nobiskrug-Werft auf große Motoryachten. Der Auftragsbestand Anfang 2009 mit 173 Schiffen für 13,3 Mia. Euro (2008: 239 Schiffe für 15,4 Mia. Euro) wird für etwa drei Jahre reichen, wenn es keine Stornierungen gibt. Der Schiffbau ist wegen stärkster ausländischer Konkurrenz, die nicht nur niedrigere Löhne, sondern auch höhere Staatssubventionen genießt, durch sehr schnelle Abfolgen von Blüte- und Krisenzeiten gekennzeichnet. Das gilt für die ganze Branche, aber auch für die einzelnen Betriebe, die kaufen und gekauft werden, fusionieren und sich wieder trennen usw. Wenn Werften keine Neubauten mehr erstellen und keine Ersatzproduktion aufbauen (wie in Husum von der Parkbank bis zur Windkraftanlage), führen sie noch einige Zeit Reparaturarbeiten aus und schließen dann ganz.

Glühkopfmotor zum Antrieb kleinerer Flussschiffe im Elbschifffahrtsmuseum Lauenburg (Foto: Museum)

Am Anfang der Schifffahrt konnte man die Boote noch einfach vom Ufer ins Wasser schieben oder vom Wasser auf das Land ziehen. Sobald man Lasten, gar Vieh transportierte und dazu größere Schiffe nutzen musste, brauchte man Häfen. In Schleswig-Holstein war die Küstenschifffahrt ein besonders wichtiger Transportträger, weil auch landeinwärts gelegene kleinere Siedlungen über schiffbare Flüsse und Priele daran teilnahmen. Das wurde erst anders, als der Bau der Eisenbahn den Landtransport besser ermöglichte. Am Beispiel von Dithmarschen (S. 47–52) wird hier gezeigt, wo früher überall Häfen waren, die heute nicht mehr bestehen. An der Nordsee gab es im 18. und 19. Jahrhundert über 30 Häfen, die überwiegend der Küstenschifffahrt dienten und landwirtschaftliche und Fischereiprodukte sowie Bau- und Brennmaterialien umschlugen. Sie zogen auch Sekundärbetriebe nach sich, wie z.B. die

Wichtigste Häfen im Jahr 2008

an der Ostsee			an der Nordseeküste		
	Fracht in t	Passagiere		Fracht in t	Passagiere
Lübeck	31.740.000	366.071	Brunsbüttel	9.596.087	–
Kiel	4.910.854	1.848.920	Husum	463.228	345.920
Puttgarden	4.073.404	6.756.376	Dagebüll	123.845	1.248.731
Flensburg	581.576	63.454	Büsum	111.778	1.494.145

Salzsiedereien auf Amrum, die Salz zuerst nur für die Konservierung von Fischen, dann aber auch für den Export nach Skandinavien herstellten. Auch einige Wal- und Robbenfänger, die bis ins Eismeer fuhren, waren hier beheimatet. Mit dem Aufkommen der (Bade-)Touristik begannen „Lustfahrten“, zuerst von Fischern im Nebenerwerb, dann von speziell gebauten Ausflugsdampfern durchgeführt. Jetzt sind die meisten der Nordseehäfen stillgelegt oder dienen nur als Freizeitliegeplätze.

Heutzutage sind mit der hoch technisierten Seefahrt auch die Ansprüche an Häfen höher geworden. Das gilt nicht nur für perfekte Kaianlagen, Aufrechterhaltung einer bestimmten Wassertiefe durch Einsatz von Baggern, moderne und schnelle Beladungseinrichtungen, sondern auch für die Infrastruktur wie Zuliefer- und Reparaturbetriebe und Anbindungen an den Landverkehr. Es gibt etwa 40 bedeutendere Häfen in Schleswig-Holstein, darunter

– an der Nordsee:
List, Wyk, Wittdün, Nordstrand, Dagebüll, Schlüttsiel, Husum, Tönning, Helgoland, Büsum, Brunsbüttel;

– an Flüssen und Kanälen:
Friedrichstadt, Rendsburg, Hochdonn, Glückstadt, Elmshorn, Geesthacht, Lauenburg, Mölln;

– an der Ostsee:
Flensburg, Gelting, Kappeln, Schleswig, Eckernförde, Kiel, Puttgarden, Neustadt, Lübeck.

Dabei zeigt sich zunehmend eine Spezialisierung, z.B. auf Fährverkehr in Puttgarden und Dagebüll, auf Frachtverkehr in Lübeck mit weitem Abstand vor allen anderen zusammen (!), auf Kreuzfahrtschiffe in Kiel, auf Fischerei in Büsum, Husum und Friedrichskoog (in der Reihenfolge ihrer Bedeutung an der Nordsee); daneben gibt es etwa 250 Sport- und Freizeitboothäfen mit ca. 30.000 Liegeplätzen. Was eine hohe Spezialisierung auch bedeuten kann, erlebte Kiel, das im 2. Weltkrieg einer der größten Marinehäfen der Welt war: Es beendete den Krieg mit ungefähr 200 Wracks im Hafen und über 80 Prozent zerstörter Wohnungen.

In den 30 landeseigenen Häfen wurden 2008 insgesamt 50 Mio. t Güter umgeschlagen und 15 Mio. Passagiere befördert. In den Häfen sind etwa 80 Unternehmen der Seeverkehrsbranche mit ca. 3.500 Mitarbeitern tätig. Der Nord-Ostsee-Kanal zählte 2008 etwa 42.000 Schiffspassagen mit 105 Mio. t Ladung und hatte damit die Spitzenposition unter allen künstlichen Wasserstraßen der Welt.

Näheres: Schifffahrtsmuseen in Husum, Flensburg, Kiel und Lauenburg • Altonaer Museum für Kunst und Kulturgeschichte, Hamburg • Museum für Hamburgische Geschichte, Hamburg • Museum am Meer, Büsum • Museum Eckernförde • Museumswerft Flensburg (Tel. 0461/182247) • Dethlefsen-Museum, Glückstadt • Wikinger-Museum Haithabu, Haddeby • Stadtmuseum „Alte Münze“, Friedrichstadt • Sylter Heimatmuseum, Keitum • Stadtmuseum Schleswig • Museum Holstentor, Lübeck • Oldenburger Wallmuseum • Archäologisches Landesmuseum Schloss Gottorf, Schleswig • Schiffsbegrüßungsanlage Willkomm-Höft, Wedel (Tel. 04103/9200-16) • Alter Leuchtturm Travemünde (Tel. 04502/899180) • Viermastbark „Passat“, Travemünde (Tel. 0451/1225202) • Museumsraddampfer „Kaiser Wilhelm“, Lauenburg (Tel. 04153/51251) • Museum U 995 (U-Boot) in Laboe (Tel. 04343/42700) • Zollkreuzer „Rigmor“, Glückstadt (Tel. 04124/890546) • U-Boot-Museum Fehmarn, Burgstaaken (Tel. 04371/501142 und 3135) • Atrium in der Schleusenanlage Brunsbüttel (Tel. 04852/8850) • Schleusenmuseum Kiel-Holtenau (Tel. 0431/3603-407 oder -275) • Holm-Museum Schleswig (Tel. 04621/936820).

Karl der Grosse und die Christianisierung

Für einen Ausflug zu unseren südlichen Nachbarn:
Museum für Hamburgische Geschichte, Hamburg
Die Ausstellung zeigt ein Modell der Hammaburg, in deren Schutz die erste Kirche in Nordelbien gebaut wurde, sowie ein Modell des Domes von ca. 1270 und mehrerer anderer Kirchen. Reichhaltige Sammlung von Kirchenkunst, bis hin zur „Kampfkunst" der Reformationszeit. Die Rolle niederländischer Asylanten, die wegen religiöser Verfolgung nach Hamburg kamen, wird dargestellt. Alles mit sehr guten, nicht überladenen Informationen in Deutsch und Englisch.

Im vorvorigen Kapitel hatten wir zum Schluss den vorchristlichen Götterhimmel der Germanen auf der Kimbrischen Halbinsel skizziert, und im vorigen war plötzlich von einem Bischofssitz in Haithabu die Rede. Dazwischen muss ein bedeutsames Ereignis stattgefunden haben: das war die Christianisierung Nordelbiens.

Die Christianisierung war zu einem guten Teil ein Werk Karls des Großen. Dieser sehr wichtige fränkische König (768–814) und Römische Kaiser (800–814) wollte einerseits sein Reich ausdehnen und andererseits das Christentum verbreiten. Als Zielgruppe schienen ihm die Sachsen geeignet; denn sie wohnten unmittelbar im Norden angrenzend an sein großes und mächtiges Reich, auf das sie gelegentlich Überfälle verübten.

So begann Karl der Große 772 mit einer Reihe von Feldzügen gegen die Sachsen, wozu er sich mit den slawischen Obotriten verbündete, die östlich einer Linie Lauenburg–Kiel saßen. Im Jahr 798 unterlagen die Sachsen in der Schlacht von Bornhöved einem obotritisch-fränkischen Heer. Karl brauchte aber insgesamt gut dreißig Jahre, um die Sachsen endgültig zu unterwerfen, wobei er auch zu Zwangsmaßnahmen griff, die man heute ethnische Säuberungen nennen würde. Nun fühlten sich die Dänen bedroht. Deren König Göttrik, verbündet mit den slawischen Wilzen, griff die Obotriten, Karls Verbündete, an und zerstörte 808 Rerik, deren Hauptstadt in der Nähe des heutigen Wismar. Auch von hier wurden ansässige Familien, nun in das Dänenreich, entführt. Das Danewerk wurde erheblich ausgebaut, aber auch Karl ließ nördlich der Elbe die befestigte Stadt Esesfelth errichten, nahe beim heutigen Itzehoe. Nach Göttriks Tod schloss sein Nachfolger Hemming mit Vertretern des Kaisers 811 einen Friedens- oder

Ansgar, Bischof von Hamburg, der „Apostel des Nordens" (Foto: Hauptkirche St. Petri, Hamburg)

jedenfalls Waffenstillstandsvertrag ab, in dem erstmals die Eider als Grenze zwischen den Ländern festgelegt wurde. Das war der politische Teil von Karls des Großen Nordausdehnung des Frankenreiches.

Es sollte aber auch christianisiert werden. Nur war das mit den Mitteln das Feldzugs, bei dem auch zwangsgetauft wurde, schwer möglich. Zwar waren schon früher erste Missionare aufgetaucht, so Willibrord um 690 und Luidger um 768; aber sie wurden verjagt oder ermordet. Durch die capitulatio de partibus Saxoniae aus dem Jahr 785 wurde dann die Ausübung jeder anderen Religion als der christlichen bei Todesstrafe verboten. Karl gründete 804 an der Alster die Hammaburg beim sächsischen Dorf Hamme, dem Ursprung Hamburgs, in deren Schutz 811 eine Kirche errichtet wurde. Die wohl älteste Kirche nördlich der Elbe, die etwa um 780 in Meldorf in Dithmarschen errichtete, stammte nicht von Karl dem Großen, sondern wurde von Missionaren des Bischofs von Bremen gebaut, die über See nach Norden gekommen waren. So richtig in Gang kam die Missionierung erst unter Karls Nachfolger Ludwig, der nicht von ungefähr der Fromme genannt wurde. Dieser schickte den Corveyer Mönch Ansgar nach Nordelbien, wo er in Itzehoe seine Missionstätigkeit begann, die ihn zum „Apostel des Nordens“ und 831 zum Erzbischof von Hamburg machen sollte. In dieser Eigenschaft hat er Kirchen (so in Haithabu, Ribe und Birka/Mittelschweden), Klöster und Klosterschulen gegründet, die als Multiplikatoren der Mission arbeiten sollten. Der schon erwähnte Wikingerüberfall von 845 machte alles zunichte. Ansgar wanderte umher, bis er 849 zum Erzbischof von Hamburg-Bremen ernannt wurde. Der dänische König erlaubte ihm, in Schleswig zwei Kirchen zu bauen. Das war für längere Zeit allerdings alles, was die Dänen damals für das Christentum übrig hatten. Die Religion der Germanen lebte wieder auf. Erst Mitte des 11. Jahrhunderts war die neue Religion so weit, dass man in Dänemark, das damals auch Südschweden umfasste, acht Bistümer einrichten konnte. Sie unterstanden weiterhin dem Erzbistum Hamburg-Bremen, bis sie schließlich Anfang des 12. Jahrhunderts ihren eigenen Erzbischof in Lund (heute Schweden) erhielten. Damit war Schleswig von einem deutschen zu einem dänischen Bistum geworden.

Die Wenden in Holstein und der Beginn der Städte

Oldenburger Wallmuseum Oldenburg
In Oldenburg ist das Zentrum für museale Nachweise über die Slawenzeit im Osten Holsteins. Zeugnisse über die Herkunft und die Einwanderungsströme, das Alltagsleben und die Wirtschaft, insbesondere Landwirtschaft und Handel, sind ausgestellt. Daneben gibt es Informationen über die vorchristliche Religion, die Mission und den Bischofs- und den Fürstensitz. Eine nachgebaute Hafenanlage und ein slawisches Handelsschiff runden die Ausstellung ab.

Die Obotriten und die Wilzen sind schon in früheren Kapiteln erwähnt worden als slawische Stämme im späteren Holstein. Sie und andere slawische Völkerschaften in Mitteleuropa werden oft unter der Sammelbezeichnung Wenden zusammengefasst. Ab 450 wanderten sie aus dem Gebiet zwischen Weichsel, Dnjepr und Düna nach drei Himmelsrichtungen (außer Norden) aus, u.a. in das Gebiet zwischen Elbe und Oder, aus dem die Germanen 500 Jahre zuvor nach Süden bzw. unmittelbar vor Eintreffen der Wenden nach Britannien gewandert waren. Ihre westlichste Grenze lag auf einer Linie, die im Süden zwischen Hamburg und Lauenburg begann und im Norden etwa beim heutigen Kiel endete. Von dort wurden sie im 12. und 13. Jahrhundert durch die deutsche Ostsiedlung zurückgedrängt.

Die Wenden siedelten mit Vorliebe an Küsten, Seen und Flüssen, wie an den Beispielen Ratzeburg, Lubeke (nördlich vom heutigen Lübeck), Oldenburg und Plön deutlich wird. In Holstein siedelten vor allem die Wagrier (nach ihnen heißt die Landschaft um Oldenburg noch heute Wagrien) und die Polaben, d.h. die bei der Elbe (slaw. Labe) Wohnenden, zwei Unterstämme der Obotriten. Die typische Siedlungsform war der Rundling, wie man ihn heute in Reinkultur noch im sog. Wendland, dem heute niedersächsischen Kreis Lüchow-Dannenberg, findet als kreisförmiges Dorf mit nur einem Straßenzugang, und weiterhin das Straßendorf, etwa auf Fehmarn, mit zwei Zugängen, beide also leicht zu verteidigen. Ein Dorf wurde von einer Sippe mit etwa 100 Mitgliedern bewohnt und von einem Starost geführt. Die größeren Siedlungen waren durch Erdwälle befestigt. Lebensgrundlage waren Ackerbau, Handel und gelegentliche Plünderungszüge über die Ostsee.

Man kann sagen, die Wenden seien Untertanen des deutschen Kaisers gewesen, weil sie ihm Tribut zahlten – anspruchsvoller war der Staat damals nicht. Gelegentlich unterstützten sie ihn auch durch Teilnahme an Feldzügen, etwa gegen die Sachsen. Manchmal überfielen sie aber auch deutsche Nachbarstämme, und 1002 begannen sie einen großen Aufstand mit Verheerungen in halb Nordelbien und mit Massakern vor allem unter christlichen Priestern und Mönchen. Im Jahr 1043 lieferten sie dem norwegisch-dänischen König Magnus in der Nähe von Haithabu eine Schlacht, die sie verloren. Nach zahlreichen oberflächlichen Christianisierungsversuchen fielen die Wenden wieder von der neuen Religion ab. Im Jahr 1093 wurden sie von Heinrich, einem Sohn eines zum Christentum bekehrten Slawenfürsten, der im dänischen Exil gelebt hatte, in der Schlacht von Zmilowe (heute Schmilau im Kreis Herzogtum Lauenburg) mit Hilfe des verbündeten Sachsenherzogs unterworfen. Dieser Heinrich übernahm das Wendenland als Lehen vom Sachsenherzog und leistete dort erhebliche Entwicklungsarbeit bis zum Jahre 1127.

Einige wendische Siedlungen wurden zu frühen Städten in Holstein, so Lütjenburg, Oldenburg, Plön und Preetz. Andere Städte bildeten sich um Burgen herum, beispielsweise Itzehoe, Segeberg und Flensburg, und auch Thing- und Handelsplätze haben zu Städten geführt, so Schleswig, Meldorf und Neustadt. Entscheidend war aber immer die Verleihung des Stadtrechts. So ist Arnis an der Schlei, 1667 mit Unterstützung des Herzogs Christian Albrecht von 62 Familien aus Kappeln gegründet, weil sie sich nicht von dem Gutsherrn Detlev von Rumohr in Leibeigenschaft nehmen lassen wollten, heute mit etwa 400 Einwohnern die kleinste Stadt Deutschlands, nur weil ihr 1934 aus nicht bekannten Gründen das Stadtrecht verliehen wurde.

In der Verleihung wurden früher die Rechte des Landesherrn und der Stadt genau festgelegt, ebenso die Rechte der Einheimischen und der Fremden. In Holstein wurde den Städten meist das Recht von Lübeck (lübsches Recht) verliehen, wie z.B. Oldenburg 1235, Plön 1236, Itzehoe 1238, Oldesloe um 1238, Kiel 1242, Tondern 1243, Neustadt 1244, Segeberg zwischen 1238 und 1244, Heiligenhafen 1260, Krempe (das heutige Altenkrempe) 1260, Lütjenburg 1275, Rendsburg zwischen 1230 und 1253, Wilster 1282, Eutin 1286; außerdem erhielten Stadtrecht Flensburg 1284, Hadersleben 1292, Eckernförde vor 1300, Apenrade 1335, Sonderburg um 1400. Im Westen war es später: Garding und Tönning 1590, Husum 1603, Friedrichstadt 1621. Zu den Rechten gehörte z.B. die Steuerfreiheit der Grundstücke, während Bürger der Schleswiger Städte noch lange Abgaben dafür an den Herzog zahlen mussten. Mit der Verleihung des Stadtrechts schied der Ort aus der Gerichtsbarkeit des ländlichen Grundherrn aus. Sie wurde nun von einem Stadtvogt des Landesherrn ausgeübt, ging aber bald auf die Stadt über, die dann auch die Gerichtsgebühren einnahm. Die Rolandfiguren auf den Marktplätzen in Wedel und Bad Bramstedt sind heute noch Zeugen solch städtischer Gerichtshoheit oder zumindest des Marktrechts. Vielerlei Rechtsvorschriften regelten das Leben. Marktrechte mussten verliehen werden. So wurde für Tondern 1354 vorgeschrieben, dass Bewohner in der Entfernung von 3 Meilen (1 Meile = 7,5 km) auf der Geest und 2 Meilen in der Marsch zum Markt, d.h. zu jedem Kauf und Verkauf, in die Stadt fahren mussten. Dementsprechend durften sich Händler und Handwerker nur in den Städten niederlassen. Erst als wenigstens den landwirtschaftsnahen Handwerkern (Stellmacher, Schmiede z.B.) die Niederlassung außerhalb der Städte erlaubt wurde, blühten die Dörfer auf. Wenn sie heute von Handel, Handwerk und Dienstleistungen verlassen werden, darf man sich nicht wundern, wenn sie wieder veröden. Die Zahl der Meister je Handwerk war nach oben begrenzt, eine gewisse Garantie für Wohlstand. Der heute in Heide noch als Fest begangene „Marktfrieden" bedeutete u.a., dass während eines mehrere Tage dauernden Marktes, meist des Jahrmarktes, auch solche Personen die Stadt betreten durften, die sonst wegen Straftaten oder Schulden daraus verwiesen waren.

Da die Städte i.d.R. von Mauern umgeben waren, wurde der Platz darin immer enger. Seuchen und Stadtbrände (Steinbauten waren erst ab 1400 vorherrschend) waren daher regelmäßige Erscheinungen, zumal Sauberkeit oder gar Hygiene noch keinen hohen Wert hatten. Sie setzten sich erst langsam durch; in Apenrade und Flensburg sah das Stadtrecht Strafen für solche Bürger vor, die den Dung länger als einen Monat auf der Straße lagerten. In den Jahren 1347 bis 1383 starb in den drei ersten Pestepidemien ein Drittel der damals 200.000 Schleswiger und Holsteiner.

Der Stadtrat war eine sehr mächtige Einrichtung. Er hatte nicht nur Rechtsetzungs- und Verwaltungsaufgaben, sondern übte auch die Gerichtsbarkeit aus. Neben den eigenen Steuern erhob er auch die für den Landesherrn. Er musste auch für Sicherheit sorgen, indem er die Befestigungen in Ordnung hielt und eine Bürgerwehr ausrüstete und ausbildete. Im Krieg hatte er eine bestimmte Anzahl Soldaten zu stellen, die aber häufig durch bezahlte Söldner ersetzt wurden. Besuchte der Landesherr die Stadt, so war er zumeist von ihr unterzubringen und zu verpflegen; natürlich auch sein Gefolge! Die Mitglieder des Stadtrates wurden oft auf Lebenszeit gewählt, bildeten also bald ein Patriziat, einen eigenen „Bürgeradel". Die Städte, zumeist vertreten durch ihre Bürgermeister, gehörten nun neben dem Adel (Ritter) und der höheren Geistlichkeit (Bischöfe, Äbte, Domkapitel) als „dritter Stand" zu den Landständen von Schleswig und Holstein, damit auch zur Landesversammlung, die vor allem über außerordentliche Steuern und die Führung von Kriegen zu entscheiden hatte. Die Stellung der Stände und der Städte wurde aber bald im immer mehr um sich greifenden Absolutismus der Landesherren stark eingeschränkt.

Es waren aber die Städte, die auch Menschen ohne eigenen Grund und Boden eine Existenzgrundlage und sogar Wohlstand bieten konnten.

Die Grafschaft Holstein und die Schauenburger

Archäologisches Landesmuseum, Schleswig-Holsteinische Landesmuseen Schloss Gottorf, Schleswig
In seiner Mittelalter-Abteilung zeigt das Museum auf Schautafeln mit knappen, aber ausreichenden Texten, in Modellen und Originalfundstücken u.a. die Themen Siedlungswesen, Deichbau, Landwirtschaft, Kirchen und Klöster, Schifffahrt und Häfen, Stadtentwicklung, Handwerk, Ernährung und Körperpflege, Spiele.

Oldenburger Wallmuseum Oldenburg
In drei Häusern zeigt das Museum u.a. Karten mit den Völkerwanderungen, Ortsnamenerklärungen, archäol. Fundstätten, Rekonstruktionen von Bekleidung, Bewaffnung, Reitzeug, Fürstengrab und Heidenkulturen sowie Informationen zu Sozialstruktur, Krankheit, Handwerken und häuslichem Leben einer slawischen Stadt. Auf einer Insel steht der Nachbau einer (Fischer-)Siedlung mit typischen Booten des 10. Jahrhunderts.

Von hier an behandeln wir die Zeit, in der sich Schleswig und Holstein zu eigenen Staaten entwickelten, d.h. dass sie neben Staatsvolk und Staatsgebiet auch eine eigene Staatsgewalt aufbauten. Darunter versteht man eine von auswärtigen Mächten weitgehend unabhängige Herrschaft, die u.a. eine eigene, flächendeckende Verwaltung mit Steuererhebung, Rechtsprechung und Sicherheitsorganen hat. Diese Herrschaft konnte zeitentsprechend nur Adelsherrschaft sein, und die erscheint in Nordelbien recht verworren.

Um einen ersten Überblick zu gewinnen, braucht man sich nur klarzumachen, dass es sich eigentlich nur um drei Herrscherhäuser handelt, wenn man an den Kern des Landes denkt: das dänische Abel-Geschlecht (1232–1375) in Schleswig; das deutsche Haus Schauenburg (1110–1459), Grafen von Holstein und von 1375 bis 1459 gleichzeitig Herzöge von Schleswig; das Haus Oldenburg (1460–1864), Herzöge in Schleswig und Grafen, ab 1474 Herzöge in Holstein sowie auch Könige in Dänemark. So richtig unübersichtlich wird die Lage aber erst durch die Unterteilungen innerhalb der Dynastien.

Die Wenden lockten im Jahr 1110 den Grafen von Holstein in einen Hinterhalt und töteten ihn. Herzog Lothar von Sachsen als Lehnsherr musste nun einen Nachfolger suchen, und seine Wahl fiel auf Adolf von Schauenburg, der zum Grafen Adolf I. von Holstein, das damals als Grafschaft nur ein kleines Gebiet westlich von Plön und Segeberg war, und Stormarn wurde. Die Familie von Schauenburg hatte eine Grafschaft an der Weser, die sie nun nach der „Auswanderung“ Adolfs durch eine Nebenlinie regierte, bis nach deren Erlöschen 1640 ein Teil davon an die Grafen zur Lippe kam, die 1807 zu Fürsten von Schaumburg-Lippe wurden. Das Land Schaumburg-Lippe (bis 1946) und sein Nachfolger, der niedersächsische Landkreis Schaumburg, trugen bzw. tragen genauso wie das Land Schleswig-Holstein in ihren Wappen das Nesselblatt, das heraldische Zeichen der Schauenburger.

Mit Adolf I. erhielt das Land eine sehr tatkräftige Herrscherfamilie, die es dreieinhalb Jahrhunderte lang vorteilhaft entwickelte. Er nahm seinen Sitz in Hamburg, das damals zu seinem Herrschaftsgebiet gehörte und das er nach den vielen Zerstörungen wiederaufbaute. Mit seinen wendischen Nachbarn lebte er in Eintracht, sie unternahmen gar gemeinsame Kriegszüge, so insbesondere gegen die Ranen, slawische Bewohner von Rügen.

Der Osten des heutigen Holsteins war damals slawisches Siedlungsgebiet. Die Slawen waren ab etwa 500 in das von den Jüten, Angeln und Sachsen, die ab ungefähr 450 großenteils nach England ausgewandert waren, verlassene Gebiet nachgerückt und dort sesshaft geworden. Im Norden ihres Gebiets errichteten sie einen 18 m hohen Rundwall von 140 m Durchmesser mit einem Fürstenhof, der Starigard (= alte Burg = Oldenburg) genannt wurde und etwa 1.000

Einwohner hatte. Diese Siedlung kann durchaus als Stadt bezeichnet werden, weil sie ein hohes Maß an Spezialisierung im Erwerb des Lebensunterhalts aufwies. Dazu musste sich das Hauswerk zum Handwerk entwickeln, das nicht mehr nur für den Eigenbedarf, sondern für einen Markt produzierte. In Starigard lassen sich u.a. Töpfer nachweisen, welche die bis nach Russland exportierte „Oldenburger Prachtkeramik" herstellten, sowie Gold- und Silberschmiede, Kammmacher, Weber und Händler. Da die Slawen in Wagrien keine Münzen prägten, zahlten sie mit Silber nach Gewicht. Zum Wohnen dienten überwiegend mit Lehm abgedichtete Flechtwerkbauten. Auf einer Insel im Plöner See wurde die obotritische Burg Plune errichtet, die der heutigen Stadt ihren Namen gab. Im Laufe der Germanisierung setzten sich die Eindringlinge bevorzugt in den fruchtbaren Flussniederungen und Küstenebenen fest, die Slawen in die weniger ertragreichen Hügellandschaften zurückdrängend und so die Überzeugung von der Überlegenheit der germanischen Landwirtschaft begründend. Mitte des 10. Jahrhunderts wurde in Starigard vom Frankenkönig Otto dem Großen ein Missionsbistum errichtet, das sich mit sehr wechselhaftem Erfolg der Christianisierung widmete. Als der Schleswiger Jarl Knut Laward vom deutschen Kaiser, dem Sachsenherzog Lothar von Supplinburg, der auch Lehnsherr der Wenden war, zum Herrscher der Obotriten erhoben wurde und sich bedrohlich Adolfs Machtbereich näherte, gebot Adolf dem Einhalt, indem er eine Grenzburg der Wenden an der Trave zerstörte. Beide Herrschernachbarn starben fast gleichzeitig um 1130.

Nachfolger wurde, nach kurzem Zwischenspiel seines Bruders Hartung, der zweite Sohn Adolfs I., Adolf II. Er schloss sich Kaiser Lothar und dem askanischen Markgrafen Albrecht der Bär in deren Bemühen an, das gesamte wendische Gebiet bis zur Oder zu christianisieren. Den geistlichen Teil übernahm Vicelin, der später

Rekonstruktion einer slawischen Siedlung im Wallmuseum Oldenburg (Foto: Museum)

Urkunde des Erzbischofs Adalbero von Hamburg-Bremen aus dem Jahr 1136, mit der Vicelin der Missionsauftrag erteilt wird (Foto: Landesarchiv Schleswig-Holstein)

„Apostel der Wenden" genannt wurde. Zuerst jedoch trieb er den Holsaten die durchaus beträchtlichen Reste des Heidentums aus. Dazu gründete er als Stützpunkt ein neues Kloster, novum monasterium (heute Neumünster, wo auch eine Vicelin-Kirche steht). Ein weiterer Stützpunkt wurde von Kaiser Lothar erbaut: Burg und Kloster Sigeberg, heute Segeberg, die aber bald nach dem Tod des Kaisers von den Wenden zerstört wurden. Nun kam die weltliche Komponente ins Spiel: Die Holsaten eroberten in einem rücksichtslosen Feldzug ganz Wagrien, unterwarfen es und begannen mit der Germanisierung des Wendengebiets, verbunden mit Kolonisierung, u.a. durch angeworbene Niederländer, Westfalen und Friesen, woraufhin sich die Slawen, die nur als Bewohner minderen Rechts bleiben durften, allmählich zurückzogen oder vertrieben wurden. Die Landtechnik der Holsaten und ihrer Helfer machte die Kolonisation zum wirtschaftlichen Erfolg. Adolf setzte Holsteiner und Stormarner Adelige auch als Kleinherrscher in Wagrien ein, die dann die dortigen strengeren Standesregeln, insbesondere im Hinblick auf die Rechte der feudalen Grundherren, auf ihre Herkunftsgebiete übertrugen. In dieser Zeit, in der 90 Prozent der Bevölkerung auf dem Lande lebten, begann auch die Zusammenlegung von Bauernstellen zu adeligen Gutshöfen, auf denen die Bauern als Leibeigene arbeiten mussten.

Vicelin gründete Kirchen (Mönche führten die Backsteinherstellung aber erst nach seinem Tode um 1160 ein), und Adolf II. gründete mit Heinrich dem Löwen Lübeck, ein Stück traveaufwärts von einer alten Slawensiedlung, die von da an Alt-Lübeck genannt wurde. Lübeck gedieh sehr schnell, zumal sich Adolf II. mit dem benachbarten Obotritenfürsten Niclot verbündete, um Ruhe an der Grenze zu halten. Als er aber vertragsbrüchig wurde, weil er meinte, sich dem von der Kirche und anderen deutschen Fürsten 1147 ausgerufenen „Wendenkreuzzug" anschließen zu müssen, verwüstete aus Rache eine obotritische Flotte Lübeck und den größten Teil von Wagrien. Vicelin wurde, verbunden mit einem Investiturstreit zwischen dem sächsischen Herzog, damals Heinrich der Löwe, und dem Erzbischof von Bremen, noch im hohen Alter zum Bischof von Oldenburg geweiht. Unter seinem Nachfolger Gerold wurde der Bischofssitz in das aufstrebende Lübeck verlegt, wo Heinrich der Löwe einen Dom bauen ließ.

Adolf II. hatte mit der Gründung von Lübeck eine Stadt gebaut, die wegen ihrer günstigen Verkehrslage bald zu einem beherrschenden Handelsplatz wurde; dadurch zog sie Kaufleute aus der sächsischen Herzogsresidenz Bardowick (nördlich von Lüneburg) an. In Oldesloe begann er die Salzgewinnung und schmälerte dadurch die Einkünfte Lüneburgs aus seiner Saline. Der Konflikt zwischen Herzog und Graf war also programmiert. Als der Graf die Teilung seiner Einkünfte verweigerte, nahm der Herzog Lübeck das Marktrecht und ließ die Salzgewinnungsanlagen in Oldesloe zerstören. Daraufhin trat der Graf 1158 Lübeck an den Herzog ab. Dieser führte eine Reihe von Kämpfen gegen die Obotriten, zumeist im Bunde mit dem Dänenkönig Waldemar I., Albrecht dem Bären und Adolf II., der dabei auch im Jahre 1164 fiel.

Als Adolf II. starb, war sein Sohn noch ein Kind, das unter der Vormundschaft des Grafen von Orlamünde und seiner Mutter stand. Nachdem er dann als Adolf III. die Regierung übernahm, begann eine für Holstein kritische Zeit. Der Graf war zwar tapfer als Heerführer, aber ihm fehlten die Überlegtheit und langfristige Planung seines Vaters. Zudem litt er als Lehnsmann Heinrichs des Löwen unter dessen Schwierigkeiten mit dem Kaiser Friedrich Barbarossa. Dabei geriet Heinrich in die Reichsacht, und sein Herzogtum wurde unter den Nachbarn aufgeteilt, bis auf die sächsischen Erblande. Adolf III. lief zum Kaiser über, woraufhin Heinrich in Holstein einfiel und den Grafen zur Flucht nach der Schauenburg an der Weser zwang. Der Kaiser selbst erschien mit dem Dänenkönig Waldemar I. mit einem Heer im Norden. Dort nahm er u.a. Lübeck ein, das er für reichsunmittelbar erklärte und das in Zukunft einen Teil seiner Einnahmen an Adolf III. abliefern musste, der wieder in seine Rechte eingesetzt worden war. Seitdem waren die Lehnsbande zwischen dem sächsischen Herzog und dem holsteinischen Grafen nur noch sehr locker. Als Herzog Bernhard, der Nachfolger Heinrichs, von Adolf III. Lübeck und andere Gebiete beanspruchte, zerstörte der Graf mit zwei Standesgenossen die herzogliche Burg Lauenburg, die erst kurz zuvor erbaut worden war.

Die größte Gefahr aber kam aus Dänemark. König Knud VI., Sohn und Nachfolger Waldemars I. und Schwiegersohn Heinrichs des Löwen, verweigerte dem Kaiser den Lehnseid, machte sich selbst dagegen zum Lehnsherrn der Herzöge von Mecklenburg und Pommern. Nach mehreren militärischen Nadelstichen Adolfs III. gegen den dänischen König wollten die Dänen reinen Tisch machen. Im Jahr 1201 rückten sie im Bunde mit Herzog Waldemar von Schleswig, Bruder des Königs, in Holstein ein; der Graf verlor die Schlacht bei Stellau und musste in Stade Schutz suchen, während die Dänen in seiner Hauptstadt Hamburg ehrenvoll empfangen wurden. Noch im selben Jahr eroberte Adolf III. Hamburg zurück, wurde aber von den Dänen gefangengenommen und nach Dänemark überführt. Holstein wurde nun dänisches Lehen, verwaltet von Albrecht von Orlamünde, der sich später Graf von Holstein und Stormarn nannte. Adolf III. zog sich wieder einmal auf die Schauenburg an der Weser zurück. Der Schleswiger Herzog war als Waldemar II. zum dänischen König gewählt worden. Er brachte – mit Ausnahme des Bottnischen und des Finnischen Meerbusens – praktisch die gesamte Ostseeküste unter dänische Herrschaft. Waldemar II. wurde zu Waldemar dem Sieger. Im Jahr 1223 wurde er aber von Graf Heinrich von Schwerin hinterlistig überfallen und mit seinem Sohn nach Mecklenburg in Gefangenschaft geführt.

Graf Adolf IV. begann im Alter von nicht einmal 20 Jahren sein Erbe zurückzuerobern, nachdem sein Vater Adolf III. 23 Jahre im Exil verbracht hatte. Einen Monat nachdem dieser gestorben war, besetzte sein Sohn die alte Hauptstadt Hamburg. Die Dänen schlossen daraufhin im November 1225 einen Vertrag mit Heinrich von Schwerin, um ihren König und seinen Sohn freizubekommen. In dem Vertrag wurde u.a. vereinbart, dass Adolf IV. Herr von Holstein, Stormarn, Wagrien und Dithmarschen sein solle. Damit waren eventuelle dänische Rechte auf die Gebiete südlich der Eider aufgegeben. Als Waldemar II. zu Weihnachten 1225 freigelassen wurde, wollte er alles wieder rückgängig machen. Er eroberte Dithmarschen und rückte gegen Holstein vor. Da verbündeten sich fast alle norddeutschen Fürsten und bereiteten ihm am 22.7.1227 bei Bornhöved eine empfindliche Niederlage. Damit war die Eidergrenze für lange Zeit festgelegt.

Da Hamburg zwar noch Holstein zugehörig blieb, aber eine ziemlich unabhängige Stellung erhielt, gründete Adolf IV. zwischen 1233 und 1242 nach lübschem Recht die Stadt Kiel, um dort seine künftige Hauptstadt zu haben. In der Schlacht bei Bornhöved hatte Adolf IV. ein Gelübde abgelegt, dass er im Fall eines Sieges Mönch werden würde. Dieses Gelübde hielt er, indem er 1239 erst in Hamburg und dann in Kiel in ein Franziskanerkloster eintrat und auch die Priesterweihe erlangte. Vor dem ehemaligen Stadtkloster in der Falckstraße in Kiel steht neuerdings ein Denkmal, auf dem der Graf gerade seine Rüstung ablegt und die Kutte überstreift. Er sieht dabei so zerknautscht und zerknittert aus, dass man den Eindruck hat, er habe das Gelübde schon heftig bereut.

Da die Lehnsordnung immer mehr zerfiel, gebärdeten sich die niedrigeren Adligen wie Landeseigentümer und führten das ein, was man bei den Bauern Realteilung nennt: Jeder Sohn erhält ein Stück des Landes zur eigenen Bewirtschaftung. So entstanden die Kieler (bis 1321), Itzehoer (bis 1290), Segeberger (bis 1308), Plöner (bis 1390) und Rendsburger (bis 1459) Linie neben der eigentlichen Schauenburger (= Pinneberger), die alle anderen überlebte, bis auch sie 1640 erlosch. Es gab also zeitweise fünf regierende schauenburgische Grafen, deren Territorien sich im Vergleich zu einem heutigen Landkreis nicht sehr eindrucksvoll ausnahmen.

Diese Schilderung sollte zeigen, wie auch bei so überdurchschnittlich tüchtigen Herrschern Höhe- und Tiefpunkte sich abwechselten.

Dasselbe gilt aber auch für die Ebene unterhalb der regierenden Häuser, für den (etwas) niederen Adel. Das soll hier an Beispiel des Hauses Rantzau illustriert werden, das auf dieser Ebene wohl das bedeutendste in Holstein war. Auch wenn die Rantzaus als königliche Beamte einen meist sehr absolutistischen Herrscher zu repräsentieren hatten, verloren sie nie die Interessen ihres Standes als Angehörige der schleswig-holsteinischen Ritterschaft aus den Augen. Die Familie wurde 1226 erstmals erwähnt, etwa 1235 in den Ritterstand und 1650 in den Reichsgrafenstand erhoben.

Die erste hervorragende Figur ist Johann von Rantzau (1492–1565). Er stand zuerst in kaiserlichen Diensten, arbeitete dann für die Einführung der Reformation in Holstein und war schließlich für den dänischen König Feldherr in vielen Kriegszügen, wobei er den Rang eines Marschalls erreichte. Wegen dieser Qualifikation wurde er auch bei der Entscheidungsschlacht gegen die Dithmarscher 1559 hinzugezogen, obwohl er auch nach heutigen Maßstäben längst im Pensionsalter war. Nicht zuletzt durch ihn war dieser Krieg gegen die Dithmarscher erstmals erfolgreich. Durch seine Feldzüge war er zu Reichtum gekommen und kaufte Bauernhöfe dutzendweise auf. Die Familie besaß zeitweise 71 Gutshöfe.

Johanns Sohn Heinrich von Rantzau (1526–1598) studierte in Wittenberg bei Luther, war dänischer Diplomat und Verwaltungsmann (ab 1556 Statthalter des königlichen Anteils von Schleswig und Holstein), verstand es aber auch, die Interessen seiner Standesgenossen zu wahren. Daneben arbeitete er als Schriftsteller und Historiker und dichtete auf Lateinisch. Seine Bibliothek wurde zum Mittelpunkt des norddeutschen Humanismus. Außerdem betrieb er 21 Güter, hatte europaweite Handelsbeziehungen, gründete Manufakturen und diente mehreren Herrschern und Städten als Kreditgeber, so dass er als norddeutscher Fugger bezeichnet wurde. Die zweite Hälfte des 16. Jahrhunderts wurde oft das Rantzausche Zeitalter genannt.

Heinrichs Vetter Daniel von Rantzau (1529–1569) studierte auch in Wittenberg, wo er bei Melanchthon wohnte. Danach war er zuerst kaiserlicher, dann königlich dänischer Offizier, als welcher er u.a. die Schweden bei Axtorna besiegte.

Johanns Urenkel Josias von Rantzau (1609–1650) war im Dreißigjährigen Krieg Offizier im schwedischen, dann im französischen Heer (1645 Marschall). Als Gouverneur von Dunkerque wurde er der Kollaboration mit Spanien verdächtigt und 1649 gefangengesetzt.

Christian von Rantzau (1614–1663) erwarb 1649 von Herzog Friedrich III. für 101.000 Taler drei Güter und das Amt Barmstedt. Zusammen mit den alten Familiengütern und dem Erbe seiner Frau hatte er nun ein geschlossenes Gebiet von 240 qkm, das als materielle Grundlage für Höheres dienen konnte. Als dänischer Gesandter reiste er an den Kaiserhof nach Wien, trat dort mit 120-köpfigem Gefolge und zwei Sechsspänner-Kutschen auf und übergab acht edle Pferde als Geschenk. Daselbst erreichte er bei Kaiser Ferdinand II. am 16.11.1650 die Erhebung in den Reichsgrafenstand. Er baute in Barmstedt eine kleine Residenz auf, war hoher dänischer Beamter und Premierminister, leistete sich eine prachtvolle Hofhaltung und beschäftigte sich intensiv mit Wissenschaften.

Hans von Rantzau (1693–1769) hatte als dänischer Gesandter in England einen Landadel ohne Leibeigene kennengelernt. Er begann daher, ab 1739 schrittweise die Leibeigenschaft auf seinem Gut Ascheberg aufzuheben. Das tat er keineswegs nur aus reiner Menschenfreundlichkeit, sondern auch weil ihm das Einsammeln von Pacht weniger anstrengend und riskant erschien als Selbstbewirtschaftung. So wurden die Bauernstellen erst einmal verpachtet, aber sinnvollerweise mit Musterhofdemonstration und fachlicher Ausbildung der bisherigen Fronbauern. So begründete er 35 Erbpachthöfe und wurde zu einem Wegbereiter der Bauernbefreiung.

Aber es gab auch die andere, die asoziale Seite bei den Rantzaus. Hinrich (1695–1726), der Bruder von Hans, mag schon seinem Bruder als abschreckendes Beispiel für einen Gebieter über Leibeigene gedient haben. Er ließ 1722 drei seiner Leibeigenen, die nicht über die Flucht eines Leidensgenossen aussagen wollten, auf dem Gut Bürau so misshandeln, dass sie dabei starben. Er verfasste darüber sogar eine völlig reuelose Denkschrift, wurde aber zu fünf Jahren Landesverweisung und Geldstrafe verurteilt.

Christian Detlev von Rantzau (1670–1721), ein Enkel Christians, war ein streitsüchtiger Taugenichts, der die Einnahmen seiner Reichsgrafschaft in Hamburg vertrank und verspielte. 1721 wurde er unter ungeklärten Umständen ermordet. Sein Bruder Wilhelm Adolf (1688–1734) wurde wegen Anstiftung zu dieser Tat 1726 verurteilt. Die Reichsgrafschaft wurde vom dänischen König Friedrich IV. daraufhin eingezogen, wie es auch in einem Vertrag für den Fall der Erbenlosigkeit des Reichsgrafen vorgesehen war.

Hans' Sohn Schack Karl von Rantzau hatte als dänischer Diplomat ab 1762 am Zarenhofe so viel Erfahrung im Intrigenspiel gesammelt, dass er nach seiner Rückkehr nach Kopenhagen 1766 sogleich bei der Entlassung des verdienstvollen Ministers von Bernstorff mitwirkte. Er zeigte sich dann als Freund und Förderer von Struensee, den er aber 1772 an seine Gegner verriet und so an seiner Hinrichtung mitschuldig wurde. Er selbst geriet auch bald in Ungnade und flüchtete mit einer jungen Tänzerin nach Avignon in Frankreich.

Die Abwege entdeckten die Rantzaus aber nicht erst im 18. Jahrhundert. Bereits Mitte des 15. Jahrhunderts war ein Joachim von Rantzau mehrmals unrühmlich in Lübeck aufgefallen, wo er randalierte und Straftaten gegen Bürger beging.

Auch so etwas gehört offensichtlich zur Tradition.

Thema: Adel

In einer Ständegesellschaft bildete der Adel, zu dem bei uns auch die höchste katholische Geistlichkeit gehörte, den höchsten Stand, die Spitze der Gesellschaftspyramide. Er gründete seine Stellung auf (Land-)Besitz (Adel von althochdeutsch odal = Stammgut), Herrschaft, (zumeist soldatische) Leistung und Abstammung (deshalb „standesgemäße" Heirat notwendig), die ihn von anderen Gesellschaftsgruppierungen abschlossen. Dazu verschaffte er sich auch rechtlich abgesicherte Privilegien.

In diesem Themen-Abschnitt behandeln wir nicht den Hochadel, die Regierenden, die Landesherren, die schon im laufenden Text erwähnt werden. Eines ihrer wichtigsten Kennzeichen ist, dass sie Lehen vergeben können. Hier geht es um den niederen Adel, die Grafen, die nur Lehensnehmer sein können (es gab aber auch Grafen, z.B. die Schauenburger, die Landesherren und Lehensgeber waren). Noch zur Zeit der ersten Schauenburger als Landesherren gab es in Schleswig und Holstein keinen weiteren Adel. Kriegsdienst, Verwaltung und Gerichtswesen wurden zumeist von den freien Bauern organisiert. Unter ihnen waren zwar durch großen Besitz und besondere Begabung Ausgezeichnete und darum immer wieder als Amtsträger Gewählte; aber sie waren kein geschlossener Stand. Erst die Vertreibung der Wenden gab den Grafen von Holstein ab 1139 so viel Land, erforderte aber auch so viele „Berufssoldaten", dass die Grafen von Holstein sich Ritter gegen Lehen anwarben. Von diesen „equites originarii" (ursprünglichen Rittern), die schon vor 1350 als Adlige nachweisbar sind und etwa 25 Familien umfassten, existieren heute noch neun: nämlich Ahlefeldt, Brockdorff, Buchwaldt, Holck, Rantzau, Reventlow, Rumohr, Schack und Thienen (wobei Holck und Schack erst in späterer Zeit hinzukamen). Sie stellen gewissermaßen den Uradel des Landes dar, auch wenn sie mit Seitenlinien in anderen Ländern vertreten waren. Zu ihnen gesellten sich dann die „recepti" (Aufgenommenen), die entweder zugewanderte Adlige waren (z.B. Baudissin, Bülow, Platen, Plessen) oder durch Adelsbrief des Kaisers, später auch anderer Herrscher, geadelte Bürgerliche (z.B. Kielmannsegg, Liliencron, Luckner, Schimmmelmann). Eine wichtige Aktivität der Ritterschaft, wie

Lebensstil des mittleren Adels: Festsaal im Schloss Ahrensburg (Foto: Museum)

sich die Organisation des Adels nannte, war der Vertrag von Ripen im Jahr 1460, mit dem die Zusammengehörigkeit von Schleswig und Holstein immer wieder begründet werden konnte. Im Wesentlichen aber oblagen ihr die Standesvertretung gegenüber König und Herzog und die Mitwirkung bei der Gesetzgebung, zu der u.a. auch die Bewilligung von Geldern für Kriege gehörte.

Die Adligen suchten ihr Vermögen zu mehren: durch Kauf für Geld, das man durch geschicktes Wirtschaften, durch Militär- oder Verwaltungsdienst, nach damaligem Brauch durchaus auch für ausländische Herrscher, erwarb; durch Plünderungen auf Kriegszügen; durch Heiraten; zuweilen auch durch hinterlistiges Bauernlegen oder durch Schenkungen und Lehen dankbarer Dienstherren und die Urbarmachung bisher herrenlosen Landes. Zu den rechtlichen Privilegien gehörten u.a.: Freiheit von staatlichen Gerichten und Unterstellung unter eine eigene Adelsgerichtsbarkeit; eigene Gerichtshoheit über ihre Gutsangehörigen; Steuerfreiheit; privatrechtliche Ausnahmeregelungen; im Laufe der Zeit auch Recht auf Frondienste der Bauern; Bevorzugung bei der Besetzung von Verwaltungsämtern und Militärposten. Seit 1789 wurden diese Privilegien schrittweise abgeschafft, völlig aufgehoben aber erst durch die Reichsverfassung von 1919. Unter den Adligen gab es große Schurken wie Detlev von Rumohr, der 1666 62 Familien aus Kappeln vertrieb, weil sie sich nicht von ihm in Leibeigenschaft unterjochen lassen wollten, und große Wohltäter wie Graf Hans Rantzau, der ab 1739 sein Gut Ascheberg an bisher Leibeigene als Pacht- oder Erbpachtstellen vergab. Dazu zwei „Familiengeschichten“ in Stichworten:

Alter Adel: Die Grafen von Reventlow
Die Familie flüchtete Anfang des 13. Jahrhunderts aus Dithmarschen nach Wagrien. **Ritter Hartwig** ermordete 1351 Graf Adolf VI. von Holstein – **Conrad** (1644–1708), dänischer Großkanzler – **Christian Detlev** (1671–1738), dt. General, österr. Feldmarschallleutnant, dän. Premierminister – **Anna Sophie** (1693–1743), 1721 als dänische Königin gekrönt – **Luise** (1746–1824), verheiratet mit dem Dichter Graf Christian Stolberg, machte Tremsbüttel zu einem geistigen Zentrum – **Christian Detlev Friedrich** (1748–1827), Präsident der dän. Rentkammer, förderte die Landwirtschaft und bemühte sich um die Aufklärung – **Friedrich Karl** (1754–1828), dän. Diplomat in London und Berlin, Kurator der Universität Kiel, machte mit seiner Frau Juliane, geb. Gräfin von Schimmelmann, Emkendorf zu einem Mittelpunkt des norddeutschen Geisteslebens – **Cai Friedrich** (1783–1834), Präsident der Deutschen Kanzlei am dän. Hof – **Joseph v. R.-Criminil** (1797–1850), Oberpräsident von Altona – **Friedrich** (1797–1874), Klosterpropst in Preetz, Sprecher der Ritterschaft, Wortführer der Schleswig-Holsteiner in den Auseinandersetzungen mit Dänemark 1844 bis 1848, Mitglied des preuß. Herrenhauses – **Heinrich v. R.-Criminil** (1798–1869), dän. Außenminister – **Ludwig** (1824–1893), Rechtsanwalt, Befürworter des Anschlusses Schleswig-Holsteins an Preußen, preuß. Landrat in Husum – **Ernst Christian** (1869–1937), Marineoffizier, Schriftsteller, NSDAP-Abgeordneter im Reichstag – **Fanny (Franziska)** (1871–1918), Schriftstellerin, wegen ihres äußerst abwechslungsreichen Lebenswandels schwarzes Schaf der Familie – **Eduard** (1883–1963), dän. Diplomat – **Else** (1897–1984), dt. Frauenrechtlerin – **Henning** (1925–), dt. evang. Theologieprofessor in Bochum – **Lance** (1936–1972), dän.-US-amerik. Rennfahrer – **Iven**, Professor für Betriebswirtschaftslehre an der Fachhochschule Heilbronn.

Neuer Adel: Die Grafen von Schimmelmann
Dietrich Jakob Schimmelmann war Kaufmann in Demmin (heute Mecklenburg-Vorpommern), einem kleinen Landstädtchen, das aber von 1283 bis 1603 Mitglied der Hanse war. Kaufmann lernte auch sein Sohn **Heinrich Karl** (1724–1782), der über Sachsen nach Hamburg auswanderte. Er verdiente sein Geld als Steuerpächter, Heereslieferant für Preußen im 7-jähr. Krieg, Kauf der von Preußen beschlagnahmten Lagerbestände an Meißner Por-

zellan für 120.000 Taler, Versteigerung in Hamburg für ein Vielfaches der Summe. Insbesondere Waffen- und Sklavenhandel (sog. Dreieckshandel: Stoffe, Waffen, Alkohol von Schleswig-Holstein nach Westafrika – Sklaven von Westafrika nach Westindien – u.a. Rohrzuckermelasse von Westindien nach Flensburg für die Rumproduktion). Besaß Plantagen in Dänisch-Westindien, wo sein Sohn Henrik Ludvig Gouverneur war. Seine Sklaven wurden durch Brandzeichen gekennzeichnet. Galt als einer der reichsten Männer Europas. Finanzier des dänischen Königs. 1762 Freiherr, 1779 Graf. **Ernst Heinrich** (1747–1831), sein ältester Sohn, wurde dän. Finanz- und Außenminister, förderte Friedrich Schiller. Sehr erfolgreich bei der Verheiratung seiner Kinder mit Altadligen: Friederike Juliane wird Gräfin von Reventlow (Musenzentrum auf Gut Emkendorf); Caroline wird Gräfin von Baudissin; Sohn Ernst heiratet Emilia von Rantzau; Sohn Friedrich Joseph heiratet Ernestine von Ahlefeldt. Diesen sind Schwiegervaters Finanzen oft Hilfe in höchster Not. Nachfahren, z. T. in Seitenlinie, sind u.a. **Maximilian**, ein preußischer Generalmajor, und **Max**, bis vor einiger Zeit Vorstand der Postbank AG.

Heute hat die Schleswig-Holsteinische Ritterschaft, die von einer „Fortwährenden Deputation" (Vorstand) geleitet wird und einmal im Jahr zu einem Plenum unter einem „Präsidierenden Prälaten" zusammentritt, 45 Mitgliedsfamilien, die Grafen, Barone oder Freiherren sind; sie unterhält vier Stifte für unverheiratete weibliche Adlige. Der sog. Bauern- oder Bürgeradel (von Borstel, von der Fecht, von der Geest) ist kein Adel, sondern zumeist eine Herkunftsbezeichnung.

Näheres: Museum der schlesw.-holst. Adelskultur, Schloss Ahrensburg • Herrenhaus Altenhof bei Eckernförde (Tel. 04351/41334) • Museum für Kunst und Kulturgeschichte, Schloss Gottorf, Schleswig • Ostholstein-Museum, Eutin.

Das Herzogtum Schleswig und die Oldenburger

Museum für Kunst und Kulturgeschichte, Schleswig-Holsteinische Landesmuseen Schloss Gottorf, Schleswig
Das bedeutendste Ausstellungsstück ist das Museum selbst; denn Schloss Gottorf war von Mitte des 15. Jahrhunderts etwa 250 Jahre lang Residenz der regierenden Herzöge von Schleswig und Grafen (später Herzöge) von Holstein, von denen fast jeder am Haus weiter- und umgebaut hat. So baute Friedrich I. die Gotische Halle (später Bibliothek), Johann Adolf die Schlosskapelle, die „Betstube“ und den Hirschsaal. Die Räume haben heute eine der damaligen Zeit entsprechende Ausstattung und Einrichtung. Gemälde, Glaswaren, Tapisserien, Gold und Silber zeigen den Reichtum der ehem. Kunstkammer. Weiterhin werden Ausstattungen aus dem Schloss Plön und dem Herrenhaus Emkendorf gezeigt. Portraits, zumeist von zeitgenössischen Malern, fast aller Herzöge, dazu von einigen Herzoginnen und Prinzen und Prinzessinnen, soweit sie im Ausland wichtig wurden (z.B. als Könige oder Zaren), sind über mehrere Räume verteilt. Weiterhin: Kanonen, Rüstungen, Reiterliteratur aus dem 16./17. Jh., Werkstatt zur Fayencenherstellung. Alles in Deutsch und Dänisch knapp, aber fachkundig und für den Laien verständlich erklärt. Vorbildliche Druckschriften.

Flensburger Schifffahrtsmuseum
Das Museum berichtet in eingehenden Beschreibungen in Deutsch und Dänisch über die Geschichte der Stadt, des Herzogtums Schleswig und der Schifffahrt sowie der Schiffergilden.

Während in dem südlichen Teil Nordelbiens, den wir heute Holstein nennen, die Schauenburger Grafen eine bewegte Geschichte gestalteten, erschien der nördliche Teil, nämlich Schleswig, äußerlich viel ruhiger. Unter „Schleswig“ ist ein größeres Gebilde zu verstehen als heute. Es umfasste auch das, was heute auf Deutsch Nordschleswig und auf Dänisch Sønderjylland heißt, d.h. ein Gebiet bis zu einer Linie südlich von Kolding nach Ribe, genauer: bis zur Königsau, dän. Kongeå, die bis 1864 die Grenze zwischen dem Königreich Dänemark und dem Herzogtum Schleswig war. Allerdings gab es auch am Südrand, etwa südlich der Schlei und bei Rendsburg, Gebietsabtretungen an den Grafen von Holstein. Innerhalb des Herzogtums gab es zahlreiche Gebiete, die dem Zugriff des Herzogs entzogen waren, weil sie – wie ein Teil des Friesenlandes – königlich dänisches Gebiet waren, z.T. persönliches Eigentum des Königs. Beispielsweise gehörten dazu die ganze Insel Amrum, die Westhälfte der Insel Föhr und die Nordspitze der Insel Sylt.

Als Adolf I. sein Amt als Graf von Holstein und Stormarn begann, regierte ein gewisser Eilif in Südjütland als Jarl. Dänemark hatte diesen Teil der kimbrischen Halbinsel schon Jahrhunderte lang als sein Gebiet, zumindest als sein Vorfeld betrachtet. Die vielfachen Bemühungen um das Danewerk zeigen das. So hatte dann 1027 der deutsche Kaiser Konrad II. das Land nördlich der Eider an den dänischen König Knud den Großen abgetreten. Deshalb stand auf dem holsteinischen Stadttor von Rendsburg „Eidora Romani terminus imperii“ (die Eider, Grenze des römischen Reiches). Seitdem war der Statthalter in Schleswig in der Regel ein Bruder oder ein Sohn des jeweiligen dänischen Königs gewesen. Dabei hatte sich die Statthalterschaft bis zum Ende des 11. Jahrhunderts so sehr verselbstständigt und in die Nähe einer Eigenständigkeit des Herzogs entwickelt, dass schon mal bestritten wurde, dass der König jeden Herzog neu belehnen müsse; es sei eben inzwischen doch eine erbliche Stellung geworden. Die Verbindung mit dem Königshaus gab andererseits der Schleswiger Herrschaft nicht nur eine gewisse Stabilität, sondern auch erheblichen Konfliktstoff. Aber auch die Verbindung zu Deutschland war stark, wenn auch nicht unproblematisch. Denn der dänische König hatte die Lehnsherrschaft des mächtigen Kaisers Heinrich III. anerkannt, und kirchlich gehörte Dänemark zum Sprengel des Erzbischofs von Hamburg und Bremen.

Eilif versagte in einem Vergeltungskrieg, den der dänische König gegen die Wenden im Süden führte, und wurde abgesetzt. Als Nachfolger bot sich Knud Laward (= Herr; vgl. engl. Lord) an, der Sohn des vorigen dänischen Königs; er war bei der Thronfolge übergangen worden und hatte seitdem am Hofe des sächsischen Herzogs gelebt. Mangels personeller Alternativen machte der dänische König ihn zum Herzog von Südjütland – so wurde er jedenfalls genannt. Mit großer Umsicht befestigte er nicht nur die Grenzen nach außen, sondern vergrößerte auch die innere Sicherheit durch Verfolgung der vielen Räuberbanden, und vor allem stellte er gutnachbarliche Beziehungen zu den Holsteinern und den Wenden her und entwickelte die Wirtschaft durch Anwerbung von Handwerkern und Händlern, auch aus der südlichen Nachbarschaft. Nach ihm wurde die St. Knudsgilde genannt, ein Zusammenschluss von seefahrenden Kaufleuten, gewissenmaßen eine Vorgängerin der Hanse. Sie war so einflussreich, dass ihre Rechtsgewohnheiten, z.B. 1284 in Flensburg, in Ratsverfassungen aufgenommen wurden. Indes, Knud wurde im Januar 1131 von seinem Vetter, der die Konkurrenz bei der Nachfolge des Königs fürchtete, hinterrücks ermordet.

Eine Woche nach seinem Tod gebar seine Witwe, eine russische Prinzessin, einen Sohn, den sie Wladimir nannte. Die Dänen machten daraus Waldemar. Als dieser 19 Jahre alt wurde, machte ihn der dänische König zum Herzog von Schleswig. Nach mancherlei Kämpfen gegen konkurrierende Verwandte wurde er 1157 als Waldemar I. dänischer König und machte in den 25 Jahren seiner Regierung das Land zur Vormacht Nordeuropas. Dabei wurden auch die Städte in die Pflicht genommen: Nach Schleswiger Stadtrecht musste Anfang des 14. Jahrhunderts jeder Vater jeden Sohn mit Schwert, Schild und Lanze ausrüsten; städtische Amtsträger kontrollierten jährlich diese Bewaffnung. Zu gleicher Zeit gedieh das Handwerk. Die Bäckerzunft in Schleswig entstand um 1200 und war eine der ältesten in Nordeuropa. Die Zünfte betrieben strenge Marktregulierung durch Regelung der Zulassung von Meistern zur Gewerbeausübung, sorgten aber auch für die Qualität der Ausbildung, so dass das Handwerk zu einem wichtigen Übergang von der Hausproduktion zur Industrie wurde. Die bald danach entstandenen Gesellenbruderschaften waren z.T. Vorläufer der Arbeiterbewegung.

Herzog von Schleswig wurde Waldemars ältester Sohn Christoph, danach der zweitälteste, Waldemar. Dieser führte einen siegreichen Kriegszug durch sein südliches Nachbarland, durch Lauenburg nach Lübeck und verteilte Lehen an holsteinische Kleinadlige, mit denen Adolf III. von Holstein und Stormarn sich überworfen hatte. Er wurde dann als Waldemar II. zum dänischen König gewählt.

Nächster Herzog von Schleswig wurde Abel, zweiter Sohn Waldemars II. und Bruder des dänischen Königs Erich. Da er Schwiegersohn des Holsteiner Grafen Adolf IV. war, wurde er nach dessen Eintritt in das Kloster Vormund der Grafensöhne. Dadurch geriet er in Konflikt mit seinem Bruder Erich, der nach Holstein trachtete. Es kam zum Krieg zwischen beiden, und 1249 musste Abel die dänische Lehnshoheit anerkennen. Als König Erich nach Schleswig zu Abel zum Besuch kam, ließ dieser seinen Bruder ermorden und sich 1250 zum König von Dänemark wählen und behielt, allerdings deutlich getrennt, die Herzogswürde von Schleswig bei. Er war Begründer des Abelgeschlechts, das über hundert Jahre Schleswig regierte.

Abel fiel 1252 in einer Schlacht gegen die Friesen, und sein Sohn Waldemar III. wurde Herzog von Schleswig unter Verzicht auf alle Ansprüche des Hauses Abel auf den dänischen Königsthron. Nach seinem baldigen Tod 1257 verweigerte der König Waldemars Bruder Erich das Herzogtum, das dieser aber an sich riss, als der König 1259 starb. Die Königin Margarethe zog mit einem Heer gegen Erich, der sich mit den Grafen von Holstein verbündet hatte. In der Schlacht auf der Lohheide (bei Schleswig) am 28.6.1261 siegten die Verbündeten, die die Königin und den Thronfolger gefangennahmen. Aus der Gefangenschaft heraus ernannte die Königin Herzog Albrecht von Braunschweig zum „Vormund über das Dänenland“, und dieser nutzte die Gelegenheit zu einem Beutezug durch Holstein. Damit konnte er immerhin die Freilassung der Königin erreichen. Um Rache zu nehmen, besetzte sie 1271 das gesamte Herzogtum. Nur die Stadt Schleswig selbst konnte Erich halten. Aber er starb 1272, worauf die Holsteiner Schleswig besetzten. Einer von Erichs Söhnen wurde 1283 als Waldemar IV. als Herzog belehnt. Als dieser Verbündete gegen den König suchte, wurde er gefangengesetzt, aber bald wieder freigelassen. Mit Holstein herrschte bestes Einvernehmen, das auch sein Sohn fortsetzte, der als Erich II. von 1312 bis 1325 das Herzogtum regierte.

Seit der zweiten Hälfte des 13. Jahrhunderts, als die Herzöge von ihrer Inselburg in der Schlei in das Schleswiger Schloss Gottorf umgezogen waren, bürgerte sich auch immer mehr die Bezeichnung des Herzogtums als Schleswig ein, das bis dahin zumeist Herzogtum Jütland genannt worden war, während mit „Schleswig" oft nur die Stadt als Regierungssitz gemeint war.

Als Erich II. 1325 gestorben war, hinterließ er nur einen minderjährigen Sohn namens Waldemar; deshalb besetzte der dänische König das Land. Darauf rückte Graf Gerhard III. von Holstein (Rendsburger Linie) auf Schleswig vor. Immerhin war Waldemar sein Neffe, dem er helfen wollte. Das Königsheer wurde geschlagen, der König flüchtete, und die Dänen wählten den Schleswiger Herzog Waldemar V. zum dänischen König.

Siegel des Grafen Gerhard VI. mit dem Schauenburger Nesselblatt zusammen mit den Schleswiger Löwen (Foto: Landesarchiv Schleswig-Holstein)

Der Sohn des Herzogs Waldemar, Heinrich, hatte es schwer mit seinen Nachbarn. Sowohl der dänische König als auch der holsteinische Graf wollten Schleswig haben. Er musste ihnen allerlei, auch territoriale, Zugeständnisse machen, weil er stets in Geldnot war. Als er 1375 starb, hinterließ er ein ziemlich marodes Herzogtum, und zugleich war mit ihm das Abelgeschlecht beendet. Das Land war auch stark geschwächt durch die Pest von 1349/50, der in Schleswig und Holstein etwa 150.000 Menschen, d.h. ungefähr 40 Prozent der Bewohner, zum Opfer gefallen waren. Erst in 200 Jahren hat das Land diesen Verlust aufgeholt.

Der dänische König Waldemar Atterdag starb im gleichen Jahr wie Heinrich, und das war die Chance für die holsteinischen Grafen. Die dänische Königin Margarethe, die stellvertretend für ihren minderjährigen Sohn Olaf die Regierungsgewalt ausübte, sah die Möglichkeit zur Regierungsübernahme auch in Schweden und konnte deshalb keinen Streit mit den Holsteinern brauchen. Deshalb gab sie ihnen Schleswig als Lehen, das aber getrennt von Holstein zu halten war. So wurde 1386 der Schauenburger Graf Gerhard VI. zugleich Herzog Gerhard II. von Schleswig, und zwar in erblichem Lehen. Der neue Herzog ließ sich flugs ein neues Wappen malen, in dem er das Schauenburger Nesselblatt mit den Schleswiger Löwen vereinte, wie es heute das schleswig-holsteinische Landeswappen zeigt. Die Schauenburger waren nun Herren in Holstein und Schleswig.

Als Olaf 1387 jung starb, ohne je richtig König gewesen zu sein, wurde Margarethe zur Königin von Dänemark und Norwegen gewählt, und ab 1389 herrschte sie auch über Schweden. Aus dieser Machtposition blickte sie nach Süden, wo unter den Schauenburgern wieder Erbstreitigkeiten ausgebrochen waren. Zudem wollte Herzog Gerhard wieder einmal die Dithmarscher unterwerfen, die aber ihn und an die dreihundert holsteinische Ritter am 4.8.1404 erschlugen. Gerhards ältester Sohn Heinrich war zu diesem Zeitpunkt gerade einmal sieben Jahre alt. Seine Mutter Elisabeth stellte sich unter den Schutz der Königin Margarethe, die das

Herzog Adolf VIII. von Schleswig wird 1448 die dänische Königskrone angeboten; er verweist aber auf seinen Neffen, den Grafen Christian von Oldenburg. Gemälde von Jürgen Ovens im Museum Sønderborg Slot (Foto: Museum)

weidlich auszunutzen verstand, indem sie sich für Kredite mehrere Schlösser und gar ganz Nordfriesland verpfänden ließ. Als Elisabeth das erkannte, kam es zum Streit zwischen den beiden Frauen, der schließlich zu einem Krieg zwischen Dänemark und Schleswig und Holstein führte. Am 12.8.1410 gewannen ihn die Holsteiner; Königin Margarethe starb 1412 in Flensburg an der Pest. Der Streit aber ging militärisch, diplomatisch und gerichtlich weiter. Herzog Heinrich und König Erich suchten, fanden und verloren viele Verbündete und bemühten gar Kaiser und Papst als Schiedsrichter.

Bei einem Kampf um Flensburg im Jahr 1427 fiel Herzog Heinrich, und sein Bruder wurde als Adolf VIII. sein Nachfolger. Dieser setzte die Folge von Kämpfen und Verhandlungen fort, zumeist mit der wirkungsvollen Hilfe mehrerer Hansestädte. Erst 1435 wurde ein Frieden geschlossen, nach dem im Wesentlichen jeder das behielt, was er zur Zeit hatte, Adolf also den größeren Teil Schleswigs.

Im Jahr 1437 wurde Adolf VIII. vom neuen Dänenkönig Christoph III. in aller Form mit einem Erblehen über Schleswig versehen. Der Herzog bemühte sich, die Schäden der Kriegszeiten zu beseitigen, die Blutrache auf dem Lande abzuschaffen und in Zusammenarbeit mit den Hansestädten das Raubrittertum zu bekämpfen. Sein Ansehen innerhalb und außerhalb seines Landes wuchs so, dass die Dänen ihm, als ihr König Christoph 1448 starb, die Königskrone anboten. Der Herzog lehnte ab, schlug aber seinen Neffen, den 23-jährigen Grafen Christian von Oldenburg, vor, der dann auch zum dänischen König gewählt wurde. Adolf war in zwei Ehen kinderlos geblieben und starb am 4.12.1459. Er beendete damit das Wirken der Schauenburger in Schleswig und Holstein.

Nordsee-Museum Nissenhaus Husum
Die Ausstellung zeigt viele Filme und Animationen sowie Modelle zum Haus- und Windmühlenbau und zur Landgewinnung; Versuchsmodelle für Kinder; Schaukästen und Gemälde zu Kleidung, Waffen, Wohnen, Halligleben früher und heute.

Schifffahrtsmuseum Nordfriesland Husum
Neben der Stadtgeschichte werden vor allem Hafen, Walfang, Fischerei und Seefahrt dargestellt. Schiffbautechniken, Seenotrettung, Schiffsmodelle, nautische Geräte und vor allem das 400 Jahre alte Frachtseglerwrack von Ülvesbüll sind genau so Anziehungspunkte wie die Schiffe und Seezeichen im Freigelände.

Sylter Heimatmuseum Keitum
Träger des Museums ist der Söl'ring Foriining (Sylter Verein), eine friesische Vereinigung. Die z.T. sehr eingehenden Beschriftungen sind daher zumeist in Deutsch und Friesisch gehalten (sehr eindrucksvoll!). Ausgestellt werden Zeugen des örtlichen Lebens im 18. und 19. Jahrhundert, Tonderner Spitzen, alte Kacheln, Holzgeräte, Zinngeschirr, Sylter Gemälde, Flaschenschiffe und Schiffsmodelle, Lebensläufe von Sylter Kapitänen, Gläser, Schmuck.

Friesisches Museum Niebüll
Der Fraasche Feriin for Naibel-Deesbel än trinambai (Friesischer Verein für Niebüll-Deezbüll und Umgebung) ist Träger des Museums, das in einem um 1700 errichteten Bauernhaus untergebracht ist. Dieses ist ein typisches uthlandfriesisches Ständerhaus, dessen Konstruktion man in dem zwischendeckenlosen Stallteil gut erkennen kann.

Informiert wird über das bäuerliche Leben vor der Industrialisierung im 19. Jahrhundert, durch Hofmodelle, Wohnräume, darunter den Pesel, Backofen als „Zentralheizung", Klüterkammer (Reparaturwerkstatt), jeweils mit den zeitgenössischen Möbeln, Werkzeugen, Geschirren usw. Leider sind die Beschriftungen sehr sparsam.

Stadtmuseum „Alte Münze" Friedrichstadt
Dargestellt wird vor allem die Ortsgeschichte der „Stadt der Toleranz" mit ihren vielen Konfessionen. Angebaut und vom Museum aus einsehbar: Mennonitenkirche von 1708, heute von der dänischen Gemeinde genutzt. Stadtmodell von etwa 1800. Bibeln und Gesangbücher der verschiedenen Konfessionen. Bilder von den Kämpfen um die Stadt. Objekte der Wirtschaftsbetriebe (Schiffbau, Fischerei, Binsenflechterei, Haushaltswaren, Brauerei, Senf- und Seifenfabrik). Beschriftungen in Deutsch, Dänisch und Niederländisch.

Wir hatten schon mehrfach gesehen, dass innerhalb Schleswigs die Friesen öfter eine besondere Rolle spielten. Das soll hier etwas genauer betrachtet werden.

Um das Jahr 700 wanderten Friesen von der südlichen Nordseeküste, also aus den heutigen Niederlanden, nach der nördlichen Nordseeküste aus. Dort besiedelten sie zuerst die Geestinseln (Geest = sandige, wenig fruchtbare Endmoränenlandschaft aus der Eiszeit) und wanderten um 1000 in die Marschgebiete hinunter (Marsch = durch Flüsse oder Meere mit Gezeiten durch Schlickablagerung aufgebaute flache, fruchtbare Landschaft; ohne Eindeichung öfter überflutet) und auf die vorgelagerten Inseln (eingedeicht) und Halligen (ohne Deich, daher jährlich mehrmals überflutet). Das entspricht im Wesentlichen dem heutigen Landkreis Nordfriesland. Seit dem 14. Jahrhundert kamen auch viele innerdeutsche Einwanderer dazu. Trotzdem hat sich das Friesische als eigene Sprache bis heute erhalten, allerdings aufgesplittert in elf Dialekte, von denen das Süürgooshiirder Freesch 1980 ausstarb.

Die Herkunft, die Sprachsituation und die Lebensumstände an der Nordsee formten einen eigensinnigen, nüchternen und unabhängigen Menschenschlag. Die Friesen lebten mit der Nordsee in einem Austausch, einem wechselseitigen Geben und Nehmen. Das Werkzeug der Menschen war der Deichbau, und das Werkzeug der See war die Flut. So hatte die Hallig Nordstrandischmoor 1717 noch 500 ha und 120 Bewohner; die Sturmflut von 1825, die 90 Prozent der Häuser zerstörte und fast den gesamten Viehbestand vernichtete, verkleinerte sie auf 170 ha und 33 Bewohner; heute leben dort noch 18 Menschen (die kleinste Gemeinde Deutschlands ist die Hallig Gröde mit 17 Einwohnern auf 277 ha). Die Hallig Süderoog, seit 1711 bis heute von der Nordsee von 200 ha auf 60 ha verkleinert, wurde von nur einer Familie bewohnt und bewirtschaftet – das aber über 400 Jahre lang. Menschen konnten auf den Halligen – und weitgehend auch in den Festlandsmarschen – nur leben, indem sie ihre Häuser auf Warften oder Wurten (überflutungssichere Aufschüttungen aus Reisig, Dung und Erde) bauten. Im Süden des Nordfriesischen Wattenmeers lag die große Insel Strand, die im Januar 1362 zerschlagen wurde, mit ihr der in Sagen gepriesene Ort Rungholt. Nach vielen regelmäßigen Sturmfluten machte sich im Oktober 1634 eine besonders große über die Reste her und tötete 8.408 von 8.600 Bewohnern. Das Husumer Museum zeigt dazu Funde von Schädeln, Gefäßscherben und Waffen aus dem Wattenmeer. Die heutigen Inseln Nordstrand, Pellworm und die Hallig Nordstrandischmoor sind die Reste der einstmals großen und eingedeichten Insel Strand. Umgekehrt ist die Halbinsel Eiderstedt das, was die Friesen aus den Inseln Eiderstedt, Everschop, Utholm und Hever durch Eindeichung ab 1400 gemacht haben, was zusätzlich zum Dämmebauen und -unterhalten ein komplexes System von Wasserabläufen aus dem Binnenland durch Schleusen im Deich und Schutz vor dem Einfließen der Salzwasserflut erforderte.

Dieses Leben hat die Menschen geformt, so dass sie ein Verhalten zeigten, das man in

Stube im Altfriesischen Haus mit Delfter Kacheln (auch das Schiffsbild) und eisernem Bilegger-Öfen, zu sehen im Sylter Heimatmuseum Keitum (Foto: Museum)

Das Altfriesische Haus in Keitum, Am Kliff 13, verbunden mit dem benachbarten Sylter Heimatmuseum: ein Beispiel für Inselbauten im 18. Jahrhundert (Foto: Museum)

anderen Landstrichen nicht so leicht fand. Ein Beispiel dafür: Als Knud Magnussen, ein dänischer Kronprätendent, sich in der Mitte des 12. Jahrhunderts gegen König Sven erhob, versprach er den Friesen Herabsetzung der Steuern, falls sie ihm zum Siege verhülfen. Der König mit seinem verbündeten Herzog von Schleswig konnte die Friesen aber schlagen und ihnen „Reparationen" von 2.000 Pfund auferlegen. Da machten die Friesen den Vorschlag, eine zweite Schlacht zu schlagen. Verlören sie diese, wollten sie 4.000 Pfund zahlen; gewönnen sie aber, so sollte es bei der von Knud versprochenen Herabsetzung der Steuern bleiben. Den Steuern allgemein, aber auch dem Christentum und fremden Rechtssystemen setzten sie lange Widerstand entgegen. Schon 1259 gingen sie wegen der Abgaben in den Krieg und gewannen.

Wohlstand in Nordfriesland: Blick in den De-Haan-Pesel aus Westerland im Freilichtmuseum Molfsee (Foto: Museum)

Ihren Lebensunterhalt erhielten die Friesen hauptsächlich aus der Landwirtschaft, überwiegend Viehhaltung, und zunehmend aus der Seefahrt, sowohl Handelsschifffahrt über die ganze Welt als auch Walfang. Die Grabsteine auf manchem Dorffriedhof und auf den Inseln erzählen dazu ganze Familiengeschichten. Wenn die Seefahrer Kapitäne waren, konnten sie holländische Kacheln, englische Tuche, spanische Messingwaren nach Hause bringen und Wohlstand begründen, obwohl die Infrastruktur kümmerlich war; so wurden erst ab 1960 Strom- und Trinkwasserleitungen auf die Halligen gelegt (bis dahin wurde Regenwasser als Trink- und Brauchwasser in Sood und Fething, d.h. Zisternen, aufgefangen). Der Deichbau wurde immer effektiver. Hatten die Deiche noch im 12. Jahrhundert eine Höhe von 1,50 m über einer Basis von 7 m, so waren es im 17. Jahrhundert 4 m Höhe über 20 m Basis, und heute sind es fast 9 m Höhe über 80 m Basis.

Neuerungen im Deichbau sind auch Holländern zu verdanken, die Herzog Friedrich III. im 17. Jahrhundert in Friedrichstadt ansiedelte. Sie führten nicht nur die flacheren Außenböschungen ein, sondern auch den Schubkarren, der sie unabhängiger von den Gespannen der Bauern machte.

Politisch war Nordfriesland lange ein Streitgegenstand zwischen den Schleswiger Herzögen und den dänischen Königen. Das Königshaus besaß die schon erwähnten Teile der Inseln, dazu diverse Güter auf dem Festland, so in Leck, Bredstedt und Hattstedt, sowie lange einen breiten Streifen von der Nordsee bei Nordstrand bis zur Ostsee. Das gab den Friesen die Gelegenheit, mal mit diesem, mal mit jenem zu paktieren und stets nach ihrem Vorteil zu sehen. Am Ende aber blieb Nordfriesland stets ein Teil Schleswigs, heute als Landkreis.

Die wirtschaftliche Grundlage ist immer noch zu einem guten Teil die Landwirtschaft, insbesondere die Viehzucht. Husum hatte lange Zeit den größten Viehmarkt in Norddeutschland und daher die meisten Gastwirtschaften im Verhältnis zur Einwohnerzahl. Daneben hat sich eine zumeist mittelständische Industrie entwickelt, z.B. der Bau von Windkraftanlagen in Husum, der z.T. den Schiffbau abgelöst hat. Die sog. Elektrospargel stehen jetzt überall in der Marsch und auf jedem besseren Hügel der Geest und bieten den Bauern ein Zubrot, welches das Haupteinkommen sehr spürbar ergänzt. Schließlich ist vor allem in St. Peter-Ording und auf den Inseln die Touristik ein wichtiger Faktor geworden; so hat auf Amrum nicht zuletzt durch die Fremdenverkehrsentwicklung die Bevölkerung in den letzten 150 Jahren von 600 auf 2100 zugenommen. Für Nordfriesland gelten auch viele der allgemeinen Aussagen, die im folgenden Kapitel über Dithmarschen gemacht werden.

Thema: Landwirtschaft

Schleswig-Holstein hat außerhalb des Landes immer noch das Image eines Agrarlandes. In der Tat, 73 Prozent der Landesfläche werden noch landwirtschaftlich genutzt. Und der Anteil der in der Landwirtschaft Erwerbstätigen liegt um 60 Prozent über dem Bundesdurchschnitt. Aber das sind 3,5 Prozent der Erwerbstätigen. Reichen die zur Charakterisierung eines ganzen Landes?

Die Landwirtschaft steht am Anfang der schleswig-holsteinischen Geschichte. Archäologische Funde beweisen, dass bereits in der Jungsteinzeit Getreideanbau und Viehzucht betrieben wurden. Im frühen Mittelalter wurde Entwicklungshilfe durch Einwanderer geleistet, vor allem Niederländer und Westfalen, die u.a. die Drainage einführten, das Trockenlegen von Feuchtgebieten, und Verbesserungen in der Milchwirtschaft. Erst im 13. Jahrhundert, also später als südlich der Elbe, übernahm der Adel schrittweise auch die Grundherrschaft, die Gutswirtschaft bis hin zum Leibeigentum mit der Unterwerfung vieler Bauern. Das brachte aber auch neue Pro-

Bis ins 19. Jahrhundert war Landwirtschaft härteste, wenig produktive Arbeit: Getreideernte mit Sense und Dreschflegel, zu sehen im Landwirtschaftsmuseum Meldorf (Foto: Museum)

Pfarrhaus aus dem Dorf Grube mit Feuerstelle in der Mitte, Backofen rechts im Hintergrund und Butterfass links, zu sehen im Freilichtmuseum Molfsee (Foto: Museum)

duktionsmethoden. Neben den Gütern förderten auch die Klöster, vor allem die Zisterzienser, die Landwirtschaft. Die Güter konnten, nicht zuletzt durch die billige Zwangsarbeit der schollengebundenen Bauern, über den Bedarf der Ansässigen hinaus produzieren und so Getreide und Vieh für die Unterhaltung der entstehenden Städte „exportieren". So wurde 1579 in Rendsburg für etwa 40.000 Rinder „Transitzoll" gezahlt. Die im Vergleich zu anderen deutschen Gebieten frühe Aufhebung der Leibeigenschaft, die Abschaffung der Dreifelderwirtschaft, die Gründung der Ackerakademie und die Förderung des Kartoffelanbaus durch den Glücksburger Hofprediger Philipp Lüders sowie die Einführung des Mergelns (Einbringung von Kalk in den Ackerboden) ließen die Landwirtschaft aufblühen. Um 1800 tauchten die ersten landwirtschaftlichen Maschinen auf; sie brauchten aber noch etwa hundert Jahre, um technisch zuverlässig und wirtschaftlich nutzbar zu werden.

Währenddessen aber störte die große Politik die Entwicklung der Landwirtschaft erheblich. Wenn im Zusammenhang mit den napoleonischen Wirren über 50.000 ausländische Soldaten über ein Jahr lang im Lande herumvagabundierten, es auspressten und die Felder verwüsteten, war das ein herber Rückschlag. Und das wiederholte sich mehrmals. Damit wandelte sich die Natur der Landwirtschaft: von der Selbstversorgungs- zur Marktwirtschaft und von der Nahrungsmittel- zur Rohstoffproduktion. Wenn auch die Randlage innerhalb Preußens und Deutschlands ein Nachteil für die schleswig-holsteinische Landwirtschaft war, so waren doch die Landgewinnungsmaßnahmen im Westen, die Bodenverbesserungen auf dem Mittelrücken, das aufkommende Genossenschaftswesen und die 1896 eingerichtete Landwirtschaftskammer von Vorteil für die Produktion. Dabei sank der Anteil der landwirtschaftlich Erwerbstätigen in der 2. Hälfte des 19. Jahrhunderts von über 50 auf knapp über 30 Prozent.

Moderne Kriege scheinen im Vergleich zu früheren auf die Landwirtschaft, wenn nicht positive, so doch weniger negative Wirkungen zu haben; Heereslieferungen im militärischen und Autarkiebestrebungen im zivilen Bereich sind Chancen für die Bauern. Unmittelbar nach Kriegen pflegt der Mangel an Außenhandel den Binnenhandel mit Nahrungsmitteln zu beleben, zumindest auf dem Schwarzmarkt. Aber in Stabilisierungszeiten verfallen oft die Preise für landwirtschaftliche Produkte, und die Bauern kommen in Kreditschwierigkeiten.

Nach dem 2. Weltkrieg war es für die schleswig-holsteinische Landwirtschaft von Vorteil, dass hier im Gegensatz zu Süddeutschland mit dem überwiegenden Prinzip der Realteilung (Aufteilung des vererbten Hofes auf alle Erben) das Anerbenrecht herrschte, nach dem nur ein Erbe den Hof erhielt und die anderen Erben Ausgleichsansprüche. Dem folgt auch das moderne deutsche Höferecht, weil es zu großen, eher wettbewerbsfähigen Betriebseinheiten führt. Trotzdem ging die Konzentration weiter, wie Tabelle 1 zeigt.

Auf einen Nenner gebracht, heißt diese Entwicklung: immer weniger Produzenten, immer höhere Produktion. Allein im Zeitraum von 2001 bis 2007 machte jeden Tag ein landwirtschaftlicher Betrieb zu. Das traf natürlich auch Betriebe, die im Umfeld der Landwirtschaft tätig sind: Bei den Landwarenhandelsbetrieben verringerte sich von 1955 bis 1970 die Anzahl von 708 auf 435. Die Hektarerträge haben sich

Tabelle 1: Entwicklung der Landwirtschaft in Schleswig-Holstein 1949–2007

	Einheit	1949	1960	1970	1980	1990	2001	2007
landw. Betriebe,	Anzahl	67.155	61.080	39.603	29.902	24.862	19.241	17.034
davon								
unter 5 ha	Anzahl	24.546	19.820	5.052	3.171	3.223	3.357	2.899
30 – unter 50 ha	Anzahl	7.399	7.950	9.210	8.701	5.775	2.424	1.910
100 und mehr ha	Anzahl	589	570	680	1.057	1.613	2.760	3.094
Ständige voll beschäftigte Arbeitskräfte		(1957/58)		(1971)	(1979)	(1991)		(2005)
Betriebsinhaber	Anzahl	45.700	42.100	25.240	21.360	15.080	9.870	10.130
Familienangehörige	Anzahl	78.600	77.200	8.230	6.310	5.350	2.440	2.240
Familienfremde	Anzahl	50.400	41.100	7.880	8.310	6.080	5.490	5.280
Ernteerträge								
Getreide insg.,	dt/ha	24,8	26,7	39,9	50,1	70,3	89,3	70,0
davon								
Winterweizen	dt/ha	31,4	38,2	46,0	54,8	78,3	98,4	76,0
Winterraps	dt/ha	23,1	24,1	22,3	29,4	33,6	41,1	39,0
Grünmais	dt/ha	135,0	365,0	433,5	393,1	350,3	385,1	385,0
Kartoffeln	dt/ha	179,9	238,0	294,9	268,4	324,4	359,1	347,0
Zuckerrüben	dt/ha	286,2	357,0	375,8	385,8	499,7	538,3	598,0
Kopfkohl	dt/ha	405,9	346,0	631,0	794,6	802,0	898,0	738,0

Tabelle 2: Die Landwirtschaft Schleswig-Holsteins im Bundes- und EU-Vergleich (EU: 2003 oder 2004/05; D: 2005 oder 2005/06; SH: 2005 oder 2005/06)

	Einheit	EU	D	SH
Ertragslage				
Gewinn/Unternehmen	Euro	18.097	36.000	42.000
Gewinn/ha Nutzfläche (LN)	Euro	530	590	530
Gewinn/Arbeitskraft (AK)	Euro/AK	14.119	23.000	26.500
Landwirtschaft in der Gesamtwirtschaft				
Anteil an der Bruttowertschöpfung	%	1,5	0,6	1,6
Anteil an den Erwerbspersonen	%	4,9	2,2	3,5
Agrarstruktur				
Betriebe ab 2 ha LN	Anzahl	9.871.000	366.000	17.660
Durchschnittl. Betriebsgröße	ha/Betrieb	15,8	46	55
Anteil der Betriebe unter 5 ha	%	61,9	17,4	17,1
Anteil der Betriebe über 100 ha	%	2,8	8,3	16,6
Ernteergebnisse				
Getreide insges.	dt/ha	55	65	80
davon:				
Weizen	dt/ha	60	72	87
Zuckerrüben	dt/ha	597	359	574
Kartoffeln	dt/ha	303	358	331
Viehwirtschaft				
Bestand an Rindern insges.	in 1000	86.000	12.776	1.150
Durchschnittl. Bestandsgröße	Tiere/Betrieb	33	71	125
Bestand an Schweinen insges.	in 1000	151.000	26.451	1.500
Durchschnittl. Bestandsgröße	Tiere/Betrieb	68	303	680
Milcherzeugung	in 1000 t	141.000	27.800	2.337
Durchschnittliche Milchleistung je Kuh und Jahr	kg	4.898	6.761	6.970

Luftaufnahme des Freilichtmuseums Molfsee: Landwirtschaft und Landleben über mehrere Jahrhunderte in Originalgebäuden aus allen Landesteilen (Foto: Museum)

dagegen von 1949 bis zur Jahrhundertwende (2007 war ein schlechtes Erntejahr) in der Regel mindestens verdoppelt.

So kommt es, dass die schleswig-holsteinische Landwirtschaft in den meisten Kennzahlen sehr günstig dasteht, und zwar sowohl im Bundes- wie im EU-Vergleich.

Erreicht wurde diese Leistung u.a. durch den Einsatz immer komplexerer und damit immer teurerer Maschinen. Daraus folgte ein immer höherer Kapitalbedarf, daraus immer mehr Kreditabhängigkeit, daraus wieder immer höhere Mindestbetriebsgrößen, immer mehr Abschottung vom Weltmarkt usw. Und trotzdem sank der Anteil der Land- und Forstwirtschaft am Bruttoinlandsprodukt in Schleswig-Holstein von 18,5 % in 1951 über 8,5 % in 1969 und 3,7 % in 1987 auf 1,6 % in 2005. Das alles auch noch bei laufenden Transfusionen in Gestalt von Subventionen aus EU-, Bundes- und Landesmitteln. Lohnt es sich dann noch, die Landwirtschaft am Leben zu erhalten? Neben anderen Gründen gibt es dafür auch einen historischen: Die Landwirtschaft erhält unsere Kulturlandschaft und damit einen wichtigen Teil unserer Orientierung in Zeit und Raum, unseres Lebensgefühls und unserer Identität.

Näheres: Schleswig-Holsteinisches Freilichtmuseum Molfsee • Schleswig-Holsteinisches Landwirtschaftsmuseum Meldorf • Landschaftsmuseum Angeln in Unewatt • Probstei-Museum in Schönberg • Archäologisch-Ökologisches Zentrum Albersdorf • Oldenburger Wallmuseum Oldenburg • Archäologisches Landesmuseum Schloss Gottorf, Schleswig • Friesisches Museum, Niebüll • Dethlefsen-Museum in Glückstadt • Museum der Grafschaft Rantzau, Barmstedt • Museumshof Lensahn (Tel. 04363/91122) • Roter Haubarg (Landwirtschaftsmuseum) im Adolfskoog, Gemeinde Witzwort (Tel. 04864/845) • Ostenfelder Bauernhaus in Husum, erstes deutsches Freilichtmuseum (Tel. 04841/4334).

Dithmarschen

Dithmarscher Landesmuseum Meldorf
In der ersten Abteilung enthält es sehr übersichtlich und informativ u.a. Tafeln und Modelle zu Deichbau und Entwässerung, Übersichten zur politischen Geschichte mit Gemälden, Schaukästen, Zeitungsausschnitten, Proklamationen; weiterhin: Kirchenausstattungen, Kinderspielzeug aus dem 18. bis 20. Jahrhundert, Karten und ein Diorama zur Schlacht bei Hemmingstedt. In der zweiten Abteilung werden in jeweils einem Raum u.a. ein Nachbau des Gerichtssaals (mit Betten für hohen Besuch!) im Hause des ersten Norderdithmarscher Landvogts Markus Swin, ein kleiner Selbstbedienungsladen aus den 60er Jahren des 20. Jahrhunderts und ein älteres „Kolonialwarengeschäft" ausgestellt sowie ein Kino mit gewaltigen Projektoren, eine Schulklasse, ein ländliches Operationszimmer, eine Arzt- und Zahnarztpraxis, Wohnzimmer, Eisengießerei, Post- und Bahnräume, Friseursalon, Schallplattenpresserei, Tabakladen, Folterwerkzeuge, Möbel und Porzellan aus Schleswig-Holstein.

Schleswig-Holsteinisches Landwirtschaftsmuseum Meldorf
Das Haus zeigt anhand der Entwicklung der landwirtschaftlichen Maschinen und der Agrochemie, wie sich die Bauernhöfe von den Hauptarbeitgebern zu reinen Familienbetrieben, höchstens mit Saisonarbeitskräften, veränderten und zugleich die Arbeit erträglicher machten. Weiterhin: Schmiedewerkstatt mit Wohnung und Plumpsklo von 1912; Stellmacherei, Geräte einer Sauerkrautfabrik aus der 1. Hälfte des 20. Jahrhunderts, Bäckerei mit Laden.

Museumsinsel Lüttenheid mit Heider Heimatmuseum Heide
Im ersten Haus findet man zwei geschnitzte Truhen aus dem 17. Jahrhundert aus Heider Werkstätten und eine Darstellung der Stadtentwicklung im Zusammenhang mit der Entwicklung der Dithmarscher Geschichte. Besonders bemerkenswert: Erster Druck des Dithmarscher Landrechts von 1447; Entwurf eines Beitrags zu einem Klassiker der Städteansichten, Braun/Hogenberg: Theatrum urbium ..., Köln 1588, mit dem Nachweis vieler Fehler. Im zweiten Haus: örtliche Handwerkerwerkstätten (Schuster, Tischler, Stellmacher, Schneider, Goldschmied) aus früheren Jahrhunderten.

Deichmuseum Büsum
Ausführliche Bild- und Texttafeln zeigen Entwicklung und Funktion des Deichbaues und der Wurten. Die noch ergänzungsbedürftigen Deichmodelle sollen Anschauung in natürlicher Größe liefern.

Nordfriesen und Dithmarscher haben manches gemein. Sie leben auf Geest und Marsch, sie bauen Deiche gegen die Nordsee und sie mögen keine Fremdherrschaft, sondern bevorzugen solidarische Formen der Selbstverwaltung ohne Adel. Aber es gibt auch Unterschiede, und deshalb sind sie nicht immer ein Herz und eine Seele gewesen.

Nach der Eiszeit war Dithmarschen tiefstes Binnenland, weil der Meeresspiegel der Nordsee 35 m tiefer lag als heute. Erst vor etwa 6.000 Jahren wurde die heutige Geestlinie zur Küste. Archäologische Funde, nicht zuletzt die auf der Geest sehr häufigen „Hünengräber", bestätigen Siedlungen in der Steinzeit. Auf Wurten im Marschland gab es ab dem 1. Jahrhundert Hofsiedlungen, ab dem 9. Jahrhundert auch Dörfer (z.B. Wöhrden, Wesselburen). Diese Wurten waren ab dem 11. Jahrhundert durch Wege verbunden, auf denen man später Deiche baute. Die heutige Bundesstraße 5 zwischen Brunsbüttel und Meldorf liegt auf so einer uralten Wurtenverbindungsstraße.

So ganz lückenlos ist die Besiedlung nicht nachweisbar. Aber im 8. Jahrhundert lebten nördlich der Elbe drei Stämme der Sachsen (deren Herkunftsgebiet bekanntlich nicht das heutige Sachsen, sondern zuerst Holstein und dann Niedersachsen war), nämlich Stormarn, Holsaten und ganz im Westen Dithmarscher. Die früheste Urkunde spricht 782 vom Thiadmaresgaho, vom Gau des Dietmar; Dithmarschen hat also sprachlich nichts mit der Marsch zu tun. Hier nun fiel Karl der Große mit seiner Christianisierungspolitik ein. Dabei zeigte sich, dass die Dithmarscher schon damals beste Infrastrukturvoraussetzungen für die Selbstständigkeit hatten. Natürliche Grenzen waren im Norden die Eider, im Westen die Nordsee und im Süden die Elbe, aber auch im Osten, wo heute der Nordostseekanal die Grenze bildet, abgesehen von klitzekleinen Exklaven östlich und westlich seines Verlaufs. Denn der Kanal folgt einer alten natürlichen Grenze im Osten, einem u.a. von Gieselau und Holstenau bewässerten Sumpfgebiet, das nur an wenigen Stellen natürliche Überwege hatte. Und an diesen Überwegen bauten die Dithmarscher Bauern ihre Hammen, Verteidigungsanlagen aus Gräben und Wällen. Ohnehin lagen an der Ostgrenze

Der Missionar Heinrich von Zütphen: Gemälde im Dithmarscher Landesmuseum in Meldorf (Foto: Museum)

Urkunde von 1476, in der Papst Sixtus IV. dem Bremer Erzbischof die Oberhoheit über Dithmarschen bestätigt und die Dithmarscher Verfassung mit der Herrschaft von 5 Vögten und 48 Richtern anerkennt (Foto: Landesarchiv Schleswig-Holstein)

siedlungsarme Gebiete, hinter denen erst die Holsaten und dann die Obotriten wohnten; die nördlichen Nachbarn waren im Westen die Friesen und im Osten die Dänen.

Missionieren und Beherrschen waren in Dithmarschen riskante Unternehmen. Der erste Missionar namens Atrebanus wurde mit seiner Begleitung im Jahr 782 erschlagen. Zwar gelang es zwischen 810 und 826 in Meldorf, am Platz des heutigen, um 1300 errichteten „Doms", eine Kirche zu bauen, die in den Annalen oft als „Mutterkirche" bezeichnet wird; aber ihre ersten Kinder kriegte sie erst im Alter von 300 Jahren. In den Jahren 1040 und 1044 wurden die jeweiligen Herrscher getötet, Mitte des 12. Jahrhunderts gleich zwei Grafen von Stade und danach der Graf Rudolf II. aus dem Stader Hause. Das empörte Heinrich den Löwen, den Lehnsherrn all dieser Gebiete, so sehr, dass er 1148 einen Verwüstungsfeldzug nach Dithmarschen durchführte. Besonders grausam verfuhr eine Horde aufgehetzter Bauern unter Führung eines Ratsmitgliedes im Dezember 1524 mit dem Reformationsprediger Heinrich von Zütphen. Sie prügelten ihn nachts aus dem Bett barfuß von Meldorf nach Heide, wo er auf dem Marktplatz auf eine Leiter geflochten und, nachdem ihm die Knochen gebrochen waren, auf einem Scheiterhaufen verbrannt wurde. Im Jahr 1223 wurden die Dithmarscher vom Dänenkönig Waldemar II. gründlich unterworfen. Aber es war nicht nachhaltig. Nach der Schlacht von Bornhöved hatten sie den Erzbischof von Bremen als Oberherrn, dem sie schon 814 als Missionsgebiet zugeordnet waren. Dieser war genügend weit weg und seine Herrschaft durch fünf Vögte hinreichend indirekt, dass sich in dieser Zeit die Voraussetzungen für die bekannte Bauernrepublik entwickeln konnten. Diese schaffte es u.a. schon 1319, sich in Wöhrden gegen einen Eroberungszug der Holsteiner unter Graf Gerhard und der Mecklenburger durchzusetzen, wenn auch knapp; sein Enkel, Herzog Gerhard III., versuchte es 1403 nochmals – mit für ihn und 300 holsteinische Ritter tödlichem Ergebnis. Ab 1434 konnte das Dithmarscher Landrecht kodifiziert werden. Um einen Eindruck von der damaligen Wertordnung zu geben, seien hier ein paar Auszüge aus dem Strafenkatalog zitiert: Eine Hure töten: straffrei; jemanden mit Bier begießen: 8 Schilling; Körperschaden mit Verlust eines Finger- oder Zehennagels: 30 Schilling; Degen in der Kirche oder beim Biergelage tragen oder Widerstand gegen Erhebung der Kircheneinkünfte: 90 Schilling; Einbruch tagsüber oder nachts ein Pferd losbinden: 180 Schilling; Einbruch nachts: 60 Mark. Seit 1447 hatte das Land einen hohen Grad an Selbstverwaltung durch den 48er-Rat, der zugleich Obergericht war. Schon seit 1281 wird in der Dithmarscher Geschichte kein Adel mehr erwähnt.

Grundeinheit der Sozialstruktur war die Familie, die zugleich auch die unterste Wirtschaftseinheit war. Mit der weiteren Verwandtschaft zusammen bildete sie eine Sippe, die Brodertemede genannt wurde. Die oberste Einheit war das Geschlecht, ursprünglich wohl auch nur auf Verwandtschaft beruhend, aber dann immer mehr genossenschaftlichen Charakter annehmend. Zu Beginn lebte ein Geschlecht in einer oft selbst dem Meer abgerungenen (Deichbau zur Landgewinnung ab dem 12. Jahrhundert) Siedlung zusammen, verwaltete den Gemeinbesitz an Land (Allmende, Wald, Moor), hielt regelmäßige Versammlungen ab, regelte die interne Gerichtsbarkeit, die Blutrache sowie die Eideshilfe und vertrat das Geschlecht, wenn ein Mitglied woanders einen Schaden angerichtet hatte. Es war auch

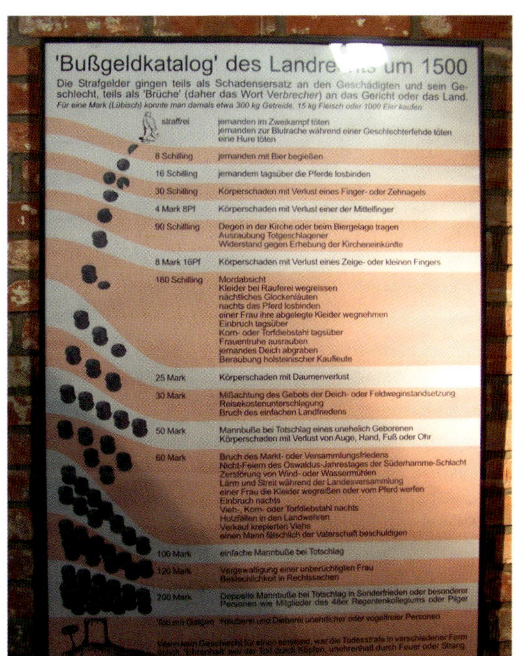

Auszug aus dem Dithmarscher Strafrecht um 1500 im Heider Heimatmuseum (Foto: Museum)

die Instanz für Werte und Normen. Geschlechtsgenossen, die dagegen verstießen, konnten ausgeschlossen werden; wer etwa gegen das Keuschheitsgebot handelte, wurde zuweilen lebendig begraben oder ertränkt. Die Geschlechter führten eigene Wappen, und ihr Stolz kommt sichtbar in den Grabsteinen zum Ausdruck, wie man sie noch auf dem „Geschlechterfriedhof" um die Kirche von Lunden findet. Die Geschlechter, die untereinander oft Fehden führten, bei Bedrohung von außen aber regelmäßig zusammenhielten, wurden erst 1533, vor allem auf Betreiben der Kirche, aufgelöst.

Angesichts dieser Verhältnisse ist es nicht verwunderlich, dass im politischen Bereich die Kirchspiele eine starke Stellung hatten. Sie konnten sogar „außenpolitische" Verträge abschließen, etwa mit einer Hansestadt. So sicherten sich Büsum und Hamburg 1281 gegenseitig Schutz ihrer Bürger in der jeweils anderen Gemeinde zu. Die Kirchspiele wurden von zwei bis vier Schließern, die den Schlüssel zur Kasse verwahrten, aber auch viele andere wichtige Aufgaben hatten, z.B. die jährliche Kontrolle der Ausrüstung der Wehrpflichtigen, und 14 bis 20 Geschworenen verwaltet, die zusammen auch das Gericht bildeten. Oberste Gewalt in Dithmarschen war die Landesversammlung, die bei Bedarf zuerst in Meldorf, dann in Heide zusammentrat. Die Größe des Marktplatzes in Heide, das noch heute mit Freudenstadt um den größten deutschen Marktplatz streitet, wird mit dem Platzbedarf für die Landesversammlung begründet. Diese schwerfällige Verwaltung wurde zunehmend durch den 48er-Rat abgelöst, der ab 1447 das Schwergewicht von Meldorf nach Heide verlagerte.

Auf Kirchspielsebene waren auch Deichbau und -unterhaltung organisiert. Der Deichbau wurde anfangs mit hölzernen Spaten betrieben, deren Schneide mit Eisenblech beschlagen war. Untrennbar dazu gehörte auch die Entwässerung. Denn die Flüsse und Bäche in der Marsch mussten ja trotz der Deiche ihr Wasser in die Nordsee bringen, und wegen des hohen Grundwasserstandes musste auch Regen als Oberflächenwasser dorthin über ein ausgeklügeltes Priele- und Grabensystem geleitet werden. Dazu bediente man sich schon früh einer geschickten Automatik. Die sog. Siele waren Deichdurchbrüche mit schräg nach außen geöffneten Toren, durch die bei Ebbe das Süßwasser aus der Marsch in die Nordsee abfließen konnte; die Flut drückte die Tore zu, so dass zwar das Süßwasser einstweilen gestaut

Gerichtssal im Hause Swien im Dithmarscher Landesmuseum in Meldorf (Foto: Museum)

wurde, das Salzwasser aber nicht ins Binnenland eindringen konnte. Selbst gewählte „Deichgrafen" überwachten den Zustand der Deiche und holten ggf. die Bauern zu Hand- und Spanndiensten für die Reparatur heran. Dabei wurden die Deiche immer gigantischer, aber auch sicherer. In Büsum – das Deichprofil ist abhängig von der örtlich verschiedenen Flutsituation – war die Entwicklung folgendermaßen (Deichsohle in m, Deichhöhe in m): um 1200: 6, 1,50; 1596: 18, 4,20; 1717: 25, 4,30; 1853: 50, 5,35; heute: mindestens 60, 8,70. Eine Sturmflut im Jahre 1976 erreichte 5,16 m. Bis 1970 blieb der Deichbau eine Aufgabe von Genossenschaften oder interkommunalen Zweckverbänden. Dann übernahm sie der Staat. Trotz aller Bemühungen gab es immer wieder Sturmfluten, die Menschenleben kosteten und hohe Sachschäden anrichteten. So zählte man in Altona, also weit elbaufwärts, die folgenden schweren Sturmfluten: 1164, 1219, 1248, 1287, 1362, 1412, 1436, 1470, 1524, 1570, 1573, 1584, 1625, 1634, 1651, 1662, 1717, 1751, 1756, 1825, 1839, 1855, 1962 und 1976. Jahrhunderte lang diente das Eindeichen neben dem Schutz vor Fluten vor allem der Gewinnung neuen Weide- und Ackerlandes. Erst als sich in der zweiten Hälfte des 20. Jahrhunderts herausstellte, dass Europa so viel Ackerland hatte, dass die Europäische Union ein Flächenstilllegungsprogramm auflegen musste, wurden die Köge (ein Koog ist ein eingedeichtes Stück Land) in Dithmarschen und in Nordfriesland mehr für Wasserwirtschafts- und Vogelschutzzwecke angelegt, so z.B. der Speicherkoog in der Meldorfer Bucht im Jahre 1979.

Aus den Erfolgen der Naturunterwerfung und der Selbstverwaltung und durch den Wohlstand, der aus der Bebauung des fruchtbaren Marschbodens kam, entstand das Selbstbewusstsein der Dithmarscher, unter dem die Vögte und die von ihnen vertretene Obrigkeit immer bedeutungsloser erschienen. Das ergab das, was man die Dithmarscher Bauernrepublik nannte, zuerst ein Bündnis von gut einem Dutzend Kirchspielen, dann zunehmend von den Achtundvierzigern bestimmt. Das musste natürlich Begehrlichkeit bei den Fürsten in der Nachbarschaft wecken. So ging es auch König Johann von Dänemark, der zugleich König von Schweden und Norwegen war, und seinem Bruder Friedrich, Herzog von Schleswig und von Holstein. Zu ihnen hatten sich noch beutegierige Adlige aus Brandenburg bis Ostfriesland gesellt. Sie rückten nach Dithmarschen ein mit etwa 12.000 Mann, deren Kern die Schwarze Garde war, eine gut trainierte Eliteeinheit von ungefähr 4.000 Mann. Diese Streitmacht hatte schon die Geest ohne wesentlichen Widerstand besetzt und stand nun in Meldorf. Die Dithmarscher, bei denen in vielen Kirchspielen schon jeder Vierzehnjährige an Wehrübungen teilnehmen musste, waren nur etwa halb so viele Leute, zwar nicht wesentlich schlechter bewaffnet als die Berufssoldaten, aber nicht so gut geübt und ohne einheitlichen Oberbefehl. Im Februar 1500 marschierten und ritten die königlichen und herzoglichen Truppen von Meldorf auf der Straße in Richtung Heide. Mitten im nicht nur kalten, sondern auch nassen Winter war man auf die Straße angewiesen. Kurz vor Hemmingstedt wurden sie von einem quer über die Straße gelegten Verteidigungswall aufgehalten, hinter dem die Dithmarscher lauerten. Eine hin und her wogende Schlacht mit hohen Verlusten auf beiden Seiten dauerte Stunden, bis die Flut kam und die Dithmarscher die Siele öffneten, so dass die fremden Truppen in unbekanntem und überschwemmtem Gelände zu leichten Opfern wurden. Diese Schlacht bei Hemmingstedt am 17.2.1500 ist bis heute der wichtigste Angelpunkt für den Stolz der Dithmarscher, und viele Legenden sind darüber im Umlauf. Gesichert ist jedenfalls, dass 76 holsteinische Adlige, d.h. ein Drittel der Ritterschaft, fielen und weitere dänische Ritter, insgesamt 3.500 bis 4.000 Mann. Diese Schlacht war zugleich einer der letzten klassischen Ritterkämpfe. Die danach immer mehr verbreiteten Feuerwaffen erforderten andere Kampftechniken.

Die Selbstherrlichkeit der Dithmarscher hatte 1559 ein Ende. Drei Herren der deutsch-dänischen Familie Oldenburg taten sich zusammen. Rädelsführer war Adolf, Herzog von Schleswig. Um nicht in Konflikt mit ihnen zu geraten, musste er seinen Bruder Johann, Herzog von Hadersleben, und seinen Neffen Friedrich II., König von Dänemark, beteiligen. Die vereinigten Heere von zusammen 24.000 Mann, maßgeblich geführt vom königlichen Feldherrn Johann

Badeanzug um 1930 im Museum am Meer in Büsum (Foto: Museum)

Rantzau, bezwangen die erbittert kämpfenden Dithmarscher, die aber so klug waren, noch vor einer zu deutlichen Niederlage ein Friedensangebot zu machen. In den Friedensverhandlungen konnten sie recht vorteilhafte Bedingungen aushandeln. Zwar hatten sie sich nun loyal gegenüber ihren Fürsten zu verhalten, von denen der dänische König als Symbol für Dithmarschen einen Ritter im Harnisch in sein Wappen einfügte, der heute noch unpassenderweise das Dithmarscher Kreiswappen darstellt, aber intern blieb relativ viel beim Alten. Als der Herzog von Hadersleben 1580 starb, teilten die zwei Übriggebliebenen das Land so auf, dass der König den Süden übernahm und der Herzog den Norden. Diese Teilung in Norder- und Süderdithmarschen hielt, bis 1970 die Kommunalreform beide zu einem einheitlichen Landkreis zusammenschloss. Im Jahr 2007 wurde eine weitere Kommunalreform angekündigt, bei der Kreise zusammengelegt werden sollten. Dagegen leisteten vor allem die Dithmarscher so energischen Widerstand, dass erst einmal nach anderen Möglichkeiten gesucht wird. Jedenfalls teilten seit 1559 die Dithmarscher das Schicksal der anderen Schleswiger und Holsteiner.

Wirtschaftlich war Dithmarschen allerdings vom Zentrum eines kleinen Systems in die Randlage in einem größeren System gerückt. Solange die Wirtschaft im Wesentlichen Landwirtschaft war, hatten die Dithmarscher Bauern, insbesondere die in der fruchtbaren Marsch, einen verhältnismäßig hohen Lebensstandard; die Möbel und Gemälde in den Museen bezeugen das. Auch die landwirtschaftlichen Nebengewerbe waren gut entwickelt; denn es gab von alters her Gewerbefreiheit, aber Meisterzwang. Anders wurde es mit der Industrialisierung. Die durch neue arbeitsparende Landmaschinen erwerbslos gewordenen Arbeiter und Kleinbauern kamen anfangs noch in den neuen Verarbeitungsfabriken unter: z.B. Zuckerfabriken in Wesselburen 1869 und St. Michaelisdonn 1880, Sauerkraut- und Konservenfabriken in Marne, Meldorf und Wesselburen, Meiereien ab 1880 in Heide und dann an 35 weiteren Standorten. Der Abtransport dieser Produkte, aber auch der Badebetrieb in Büsum und die Luftkurorte Albersdorf und Burg sowie die Berufsfischerei in Büsum und Friedrichskoog wurden durch den Bahnbau ab 1878 erst richtig möglich. Der Hafenbetrieb war in der 2. Hälfte des 19. Jahrhunderts noch sehr lebhaft, u.a. in Pahlen an der Eider, Schülp, Büsum, Meldorf, Neufeld, Brunsbüttel und Burg. Davon ist heute nur noch Brunsbüttel übrig. Neue Industrien entstanden auch, so Maschinenfabriken in Marne und Heide und die Erdölförderung und -verarbeitung, jetzt in einer modernen Raffinerie in Hemmingstedt (dort 1856 erste Ölbohrversuche der Welt durch Ludwig Meyn). Die Fabrik in Marne, die sogar Schiffsdieselmotoren herstellte, schloss 1973, die Heider Fabrik stellt noch Windräder her, und die Raffinerie verarbeitet weniger als drei Prozent heimisches Öl hauptsächlich von einer Plattform in der Meldorfer Bucht, der Rest kommt über eine Rohrleitung von Brunsbüttel aus Übersee. Immerhin hat die Landwirtschaft mit etwa 1.800 Höfen auch heute noch große Bedeutung. So ist Dithmarschen das größte geschlossene Kohlanbaugebiet in West- und Mitteleuropa mit einer Jahresproduktion von 80 Millionen Köpfen, und die Gemüsekonservenfabriken, u.a. in Meldorf und Marne, bieten durch langfristige Anbauverträge den Landwirten eine gewisse ökonomische Sicherheit.

Das einzige wichtige Wachstumsgebiet in Dithmarschen ist der Industriehafen in Brunsbüttel, in dem vor allem Chemie- und Energiebetriebe arbeiten und auch noch angesiedelt werden. Das ändert aber nichts daran, dass Dithmarschen mit 10,2 Prozent den höchsten Arbeitslosenanteil von allen Landkreisen in Schleswig-Holstein hat und dass das Pendeln das tägliche Schicksal vieler Arbeitnehmer ist. Das wäre aber alles noch schlechter, wenn nicht das Brunsbütteler Projekt der Industrieansiedlung etwa 4.000 Arbeitsplätze (einschließlich Folgebetriebe) gebracht hätte, und zwar überwiegend für Arbeitskräfte aus der Region.

Herzogtum Lauenburg

Kreismuseum im Herrenhaus Ratzeburg
Das Museum behandelt in typischen Fundstücken mit knappen Beschreibungen die Geschichte des heutigen Kreises Lauenburg von der Steinzeit bis etwa 1990. Ein Zentralstück ist ein Faksimile des Evangeliars Heinrichs des Löwen.

In der Wendenzeit siedelten im heutigen Lauenburg die slawischen Polabier (d.h. die an der Elbe Wohnenden). Bis zur Zeit Heinrichs des Löwen, der 1154 das Bistum Ratzeburg gründete, 1165 den Dom bauen ließ, welcher 1220 fertiggestellt wurde, teilte das Gebiet also mit Holstein die Geschichte des Stammesherzogtums Sachsen. Insbesondere Graf Heinrich von Badewide, der für Albrecht den Bären und Heinrich den Löwen gegen die Wenden antrat, trennte Lauenburg von Holstein ab, als er nur Polabien, Adolf II. von Schauenburg aber Wagrien als Lehen erhielt. Das war 1143, und seitdem verlief die Geschichte Lauenburgs immer mehr getrennt von der Holsteins. Als das Herzogtum Sachsen 1180 aufgeteilt wurde, erhielt die Dynastie der Askanier (benannt nach dem mythologischen Namen der Grafschaft Aschersleben) das Restherzogtum, das nur wenig mehr als den heutigen Landkreis umfasste. Das war das Herzogtum Sachsen-Lauenburg, in dem aber noch Enklaven von Lübeck, dem Hochstift Ratzeburg und dem Herzogtum Schleswig-Gottorf lagen. Obwohl sie formell Lehnsherren der Schauenburger Grafen waren, übertrafen diese die Herzöge erheblich an Bedeutung. Die Geschichte Holsteins verlief daher weitgehend ohne Rücksicht auf die Askanier und ihr Herzogtum Sachsen-Lauenburg, das sich durch Erbstreitigkeiten und Landesteilungen sowie durch Verpfändungen ganzer Landesteile – u.a. Ritzebüttel (Cuxhaven) und einige Gemeinden nördlich der Hansestadt an Hamburg, Mölln an Lübeck sowie die Vierlande und den halben Sachsenwald an Hamburg und Lübeck gemeinsam – selber schwächte. Am erfolgreichsten waren die Askanier wohl darin, ihren jüngeren Söhnen geistliche Pfründen zu verschaffen. Heinrich (1550–1585, da fiel er vom Pferd) war 1577 gleichzeitig Erzbischof von Bremen, Bischof von Osnabrück und von Paderborn, blieb aber erfolglos bei mehrfachen Versuchen, auch noch Bischof von Münster zu werden; er trat dann zum Luthertum über.

Es gab aber auch erfolgreiche Herzöge. So konnte Franz II. (1547–1619) verfassungsähnliche Abmachungen mit dem Landadel und den Städten Ratzeburg und Lauenburg treffen und damit seine Herrschaft stabilisieren; er erließ Rechtsvorschriften für Schulen, Gerichte, Polizei und Kirchen, erlangte ein eigenes Münzrecht und hatte nebenher in zwei Ehen 19 Kinder. Herzog Julius Heinrich (1586–1665; reg. 1656–1665) hatte als Feldherr des Kaisers Besitzungen in Böhmen erhalten, von denen aus er Sachsen-Lauenburg regieren wollte, was aber nicht recht gelang. Mit dem Tode des Herzogs Julius Franz am 30.9.1689 erlosch die Linie der Askanier. Das Lehen für Sachsen-Lauenburg war also neu zu vergeben.

Herzog Georg Wilhelm von Braunschweig-Lüneburg wartete das aber nicht ab, sondern besetzte im Oktober das Nachbarland, für das Braunschweig-Lüneburg nach kriegerischen Auseinandersetzungen, u.a. mit Dänemark, 1716 dann auch das Lehen erhielt. Sachsen-Lauenburg blieb zwar formell selbstständig, wurde aber lange von jemand aus der Ferne regiert, der in Personalunion noch andere Herrschaften ausübte, so u.a. der König George I. von England. Dem machte Napoleon ein Ende, der 1803 das Herzogtum besetzte und es von 1810 bis 1813 in sein Kaiserreich eingliederte. Im Wiener Kongress wurde Lauenburg 1815 Preußen zugesprochen, das es aber 1816 mit Dänemark gegen das ehemals schwedische, dann dänische Vorpommern tauschte. Nun war der dänische König, in Personalunion bereits Herzog von Schleswig und Holstein, auch Herzog von Lauenburg. Damit waren die drei Herzogtümer zu gemeinsamer Geschichte vereinigt. Das setzte sich auch fort, als nach dem deutsch-dänischen Krieg Preußens König Wilhelm I. in Personalunion

Die Palmschleuse in Lauenburg, ein wichtiger Teil des Stecknitzkanals (Foto: Boyens Buchverlag)

Herzog von Lauenburg wurde, bis das Herzogtum 1876 als Landkreis der preußischen Provinz Schleswig-Holstein einverleibt wurde. Fürst (seit 1871) Otto von Bismarck, früherer preußischer Ministerpräsident und deutscher Reichskanzler, wurde 1890 Herzog von Lauenburg und aus seinen politischen Ämtern entlassen; seinen neuen Titel hat er so gut wie nie geführt, zumal im Landkreis Lauenburg ja der Landrat das Sagen hatte.

Wirtschaftlich profitierte das Herzogtum vor allem als Transitland für den Handel. Die Hauptquelle war der Stecknitzkanal, dessen Bau 1390 zwischen Herzog Erich IV. und Lübeck vereinbart und 1391–1398 durchgeführt wurde. Er verband die Elbe bei Lauenburg mit Lübeck, brauchte dazu 17 Schleusen (von denen die Palmschleuse in Lauenburg noch heute zeugt) und diente vor allem dem Salztransport von der Lüneburger Saline nach Lübeck. Sehr viel wichtiger als Speisegewürz war das Salz damals als Konservierungsmittel für Fisch und Fleisch, als das es ein begehrter Exportartikel im ganzen Ostseeraum war. Die Lauenburger zogen daraus ihren Vorteil als Schiffsführer und als Zolleinnehmer.

Lübeck, Hamburg und die Hanse sowie ein Fürstbistum

Museum für Archäologie im Burgkloster Lübeck
Beginnend mit der slawischen Burg Alt-Lübeck wird die Siedlungsgeschichte durch Modelle und Fundstücke (bereits aus der Stein- und Eisenzeit) illustriert: Waffen, Besteck, Schmuck, Kacheln, Häuserbau, Schiffsteile, Werkzeug, Wasserleitungen. Aus dem Mittelalter sind Spielzeug, religiöse Artikel, Leuchter, Glaswaren, Bekleidung, Ernährung und Schreibzeug ausgestellt. Verschiedene Waren, die man für 1.780 lübische Mark, den Bargeldbestand eines reichen Kaufmanns (etwa 220.000 Euro entsprechend), kaufen konnte, sind ebenfalls zusammengestellt. Besonderer Anziehungspunkt: ein Münzschatz, der um 1530 versteckt und 1984 bei Abbrucharbeiten wiedergefunden wurde.

Museum Holstentor Lübeck
Es enthält die Dauerausstellung „Die Hanse. Macht des Handels" mit ganz auf das Wesentliche beschränkten Stücken zu verschiedenen Aspekten von Handel, Seefahrt und Stadtverwaltung.

St. Annen-Museum Lübeck
Es zeigt reiche Schätze aus vornehmlich Lübecker Kirchen an Altären (darunter der Passionsaltar von Hans Memling, Brügge 1491, aus dem Dom), Gemälden, Skulpturen, Messgewändern, um 1500 in Lübeck in Niederdeutsch gedruckten Bibeln und Gottesdienstgeräten, zumeist aus dem Mittelalter. Schon der Bau selbst mit seinem Kreuzgang ist einen Besuch wert.

Ostholstein-Museum Eutin
Porträts der Fürstbischöfe von Lübeck, von in Eutin gewesenen Dichtern, Malern, Musikern und Medizinern und Ausstellung ihrer Werke, so u.a. Ofenkacheln nach Motiven von Tischbein.

Elbschifffahrtsmuseum Lauenburg
Das Museum behandelt die Schifffahrt auf der Elbe, dem Stecknitzkanal, dem Elbe-Lübeck-Kanal und dem Elbe-Seitenkanal (in den 1970er Jahren als Verbindung zwischen dem Mittellandkanal und der Elbe gebaut, u.a. zur Vermeidung von DDR-Erpressungen bei der Elbschifffahrt). Dioramen, Fotos, Modelle und Fundstücke beleuchten u.a. Flößerei, Schiffe vom Einbaum aus der Wikingerzeit über den Raddampfer bis zum modernen Schubkahn, Kajüteneinrichtungen 1850, 1900 und 1962, Schiffswerften 1890 und 1960, Konstruktionsbüro mit Zeichenbrett bis ca. 1970 und mit EDV ab 1990, Original-Schiffsmaschinen von der Dampfmaschine über den Glühkopfmotor und den Schiffsdiesel bis zum Voith-Schneider-Propeller. 36-seitige, gut bebilderte Broschüre für 3,50 Euro.

Museum für Hamburgische Geschichte
Gezeigt werden Stadtmodelle, u.a. vom 11. Jahrhundert und von 1644; Hafenmodelle um 1840 und 2002; ausnahmslos perfekte Schiffsmodelle, darunter von 14 Segelschiffstypen, Convoyschiff „Wappen von Hamburg" III, Containerschiff, Auswandererschiff, Hansekogge; Modelle einer Brauerei, eines Kaufmannshauses aus dem 18./19. Jahrhundert; Original-Reeperbahn; Einblicke in Werften, Kupferhütte, Segelmacherei, Bohrinsel. Außerdem steinerne und hölzerne Reste von mittelalterlichen Häusern, Dioramen (Hafenszenen u.a.), eine sehr übersichtliche Münzsammlung und Erklärung von Bank- und Börsenwesen, Gold- und Silberschmiedearbeiten, Harnische und Waffen der Bürgerwehr, Kanonen, Herbergsschilder, Navigationsgeräte, Filme und Dokumente zum Auswandererwesen und zur deutschen Kolonialgeschichte. Optisch abgesetzte, einfallsreiche, zum Mitdenken anregende Erklärungen für Kinder; trotzdem: Totenköpfe von der Richtstätte Grasbrook, allerdings künstliche.

Lübeck verdankt seine glänzende Entwicklung der verkehrsgeographisch günstigen Lage an der Trave kurz vor deren Mündung in die Ostsee und günstigen Landwegen nach Süden (Salzsalinen in Lüneburg), Osten und Westen. Ab 1381 wurde auf Anregung Lübecks der erste deutsche Kanal, der Stecknitzkanal, als Verbindung zur Elbe und damit als kurzer Wasserweg zwischen Ost- und Nordsee gebaut; er war zwar nur für Kähne von gut 10 m Länge und 7 t Tragfähigkeit geeignet, wurde aber erst 1900 durch den Elbe-Lübeck-Kanal abgelöst.

Als Graf Adolf II. von Schauenburg mit der Christianisierung und Kolonisierung des Wendenlandes begann, fand er 1143 (nach neueren Forschungen soll sich dort aber schon im 10. Jahrhundert eine Siedlung befunden haben) eine Halbinsel, die von Trave und Wakenitz gebildet wurde, als idealen Stützpunkt. Nach einer weiter traveabwärts gelegenen, 819 gegründeten, aber 1138 zerstörten Wendensiedlung namens Liubice (von slaw. ljubu = lieblich) nannte er sie Lubeke. Sie wurde rasch zum Anziehungspunkt für Kaufleute aus dem Süden, nicht nur aus Westfalen, sondern auch aus Bardowick, der Fernhandelsstadt Heinrichs des Löwen, des Herzogs von Sachsen, zogen Kaufleute nach Lübeck. Als Adolf gar noch mit einer neuen Salzproduktion Lüneburg Konkurrenz machte, musste er 1159 Lübeck an seinen Lehnsherrn Heinrich abtreten, der der Stadt durch Verleihung vieler Privilegien zu noch größerer wirtschaftlicher Blüte verhalf, so z.B. durch das Münzrecht, durch das die Lübecker die „Leitwährung“ für ganz Norddeutschland erhielten. Wegen der weit reichenden Handelsbeziehungen gab es in der Stadt Längenmaße und Gewichte für die Maßsysteme aus aller Herren Länder. Nicht nur der Handel mit Fisch und Salz, sondern insbesondere der Im- und Export von Luxusgütern brachte großen Gewinn: Aus dem Osten schaffte man Pelze und Wachs heran; aus dem Westen verschiffte man Tuche, Rüstungen, Waffen, französischen und portugiesischen Rotwein, deutschen Weißwein und Keramik. Fernhandelskaufleute, die je nach dem Ziel ihrer Fahrten eigene Gilden bildeten, prägten das Gesicht der Stadt. Schon 1226 (nach anderer Meinung erst 1276 oder schon 1181) erlangte sie daher das Reichsfreiheitsprivileg, d.h. sie hatte keinen Herrn mehr außer dem Kaiser. Das war bald der Beginn der

Ein Musterbeispiel für norddeutsche Backsteingotik: St. Katharinen in Lübeck, erste Hälfte des 14. Jh., heute Museum (Foto: Museum St. Annen)

Strafjustiz in kommunaler Selbstverwaltung in Lübeck: Folterinstrumente, rechts ein Streckbrett, im Holstentor (Foto: Museum)

Kirchliche Pracht in Lübeck: der Passionsaltar von Hans Memling, Brügge 1491, im Dom, heute im St.-Annen-Museum (Foto: Museum)

Selbstverwaltung durch den „gemenen copman by der travene". Das ist um so bemerkenswerter, als sich erst zu dieser Zeit unter den Kaufleuten beim Geschäftsverkehr der Gebrauch der Schrift allgemein durchsetzte. Es war aber, wenn man so will, eine Kaufmannsdiktatur. Die anderen hatten keinen Anteil an der Herrschaft. Von 23.000 Einwohnern hatten nur etwa 3.500 volles Bürgerrecht. Es gab daher häufig Handwerkeraufstände, so 1380 den Knochenhauer(Fleischer)-Aufstand, dessen Anführer vom Rat hingerichtet wurden.

Der für ganz Norddeutschland als Vorbild dienende Baustil, insbes. die Verwendung von rotem Backstein als Hauptbaumaterial, ist darauf zurückzuführen, dass der Rat der Stadt nach einem großen Brand 1276 den Häuserbau aus Stein obligatorisch machte. Im 13. Jahrhundert wurde auch eine zentrale Wasserversorgung eingeführt. Die soliden Befestigungsanlagen, aber auch die schnell mobilisierbare Verteidigungskraft durch die Bürgergarde (allgemeine Wehrpflicht bis zum 45. Lebensjahr; Ausrüstung war weitgehend selbst zu stellen, Waffen lieferte die Stadt), die bis zum 31.10.1867 diente, führten dazu, dass die Stadt erstmals erst durch Napoleons Truppen 1806 besetzt wurde. Lübeck konnte eigene „Außenpolitik" treiben und hat sich z.B. öfter mit den Dithmarschern gegen Holstein verbündet. Die Stadt konnte so auch in der Hanse eine führende Rolle spielen.

Bevor wir dazu näher kommen, soll noch eine Besonderheit, wenn nicht gar Kuriosität erwähnt werden. Lübeck war 1160 durch Verlegung des Bischofssitzes von Oldenburg Hauptstadt eines Bistums geworden, und zwar mit eigenem Territorium. Das war zur gleichen Zeit, als der wirtschaftliche Aufstieg des Lübecker Patriziertums begann. Die Rivalität zwischen bürgerlichem Senat und kirchlicher Herrschaft – wird der bischöfliche Dom größer und prächtiger als die bürgerliche Marienkirche? – endete öfter in handfesten Konflikten; denn auch der Bischof hatte in der Stadt einen eigenen Hoheitsbezirk, bis er seinen Sitz nach Eutin verlegte, wo er schon 1275 ein ansehnliches Gebäude inmitten seiner Bauernhöfe besaß.

Thema: Bildende Kunst und Kunstgewerbe

Eine – vor Erfindung der Tonträger – so flüchtige Kunst wie die Musik konnte sich in Schleswig-Holstein keiner großen Nachfrage erfreuen. Nur eine große Stadt wie Lübeck leistete sich einen Dietrich Buxtehude.

Aber etwa so Bleibendes wie Ölgemälde und Holzskulpturen, das Jahrhunderte lang Wände und Kirchen ziert, war nicht nur bei Adel und Klerus beliebt, sondern auch bei den bessergestellten Bauern und Städtern.

Hier seien einige Künstler in der Reihenfolge ihrer Geburtsjahre genannt, die in Schleswig-Holstein tätig und bekannt waren und die z.T. ihrerseits das Land bekanntgemacht haben:

Brüggemann, Hans (geb. um 1480 in Walsrode, gest. um 1560 in Husum?). Holzbildschnitzer, dessen Hauptwerk der von 1514 bis 1521 geschaffene Bordesholmer Altar ist (seit 1666 im Dom in Schleswig).

Gudewerdt, Hans der Jüngere (geb. 1595 in Eckernförde, gest. 1671 in Eckernförde). Als Nachfolger in der Schnitzerwerkstatt seines Vaters schuf er viele Altäre im Land, so in Eckernförde, Kappeln und Schönkirchen.

Ovens, Jürgen (geb. 1623 in Tönning, gest. 1678 in Friedrichstadt). Der Schüler von Rembrandt war ab 1663 Hofmaler in Schleswig und überhaupt einer der wichtigsten Maler des Landes (Näheres: Landesmuseum für Kunst und Kultur Schloss Gottorf, Schleswig; Kunsthalle Kiel, Düsternbrooker Weg 1, 24105 Kiel, Tel. 0431/8805756).

Lindemann, Anthon Gottfried (geb. 1706, gest. 1787). Einer der bedeutendsten Kunstschreiner des Landes (Näheres: Landesmuseum für Kunst und Kulturgeschichte Schloss Gottorf, Schleswig).

Tischbein, Johann Heinrich Wilhelm (geb. 1751 in Haina, gest. 1829 in Eutin). Begleitete Goethe in Italien (Bild „Goethe in der Campagna"), in mehreren Ländern tätig, ab 1808 am Hofe in Eutin (Näheres: Ostholstein-Museum Eutin).

Strack, Ludwig Philipp (geb. 1761 in Haina, gest. 1836 in Oldenburg). Er war Maler, Lithograph und Kupferstecher, Neffe von J. H. Tischbein d. Ä., dem Onkel von J. H. Wilhelm Tischbein. Von 1799 bis 1803 war er Hofmaler in Eutin, wo er viele Bilder der holsteinischen Landschaft schuf (Näheres: Ostholstein-Museum Eutin).

Overbeck, Johann Friedrich (geb. 1789 in Lübeck, gest. 1869 in Rom). Als Maler in Wien ausgebildet, gründete er 1809 dort den Lukasbund, aus dem sich die „Nazarener" entwickelten, eine historisierend-religiöse Stilrichtung. Lebte ab 1810 nur in Rom.

Gurlitt, Louis (geb. 1812 in Altona, gest. 1897 in Naundorf). Maler mit vielen Holstein-Sujets (Näheres: Kunsthalle Kiel, Düsternbrooker Weg 1, 24105 Kiel, Tel. 0431/8805756; Museumsberg Flensburg; Altonaer Museum für Kunst und Kulturgeschichte, Hamburg).

Ross, Karl (gen. Charles) (geb. 1816 in Altekoppel bei Bornhöved, gest. 1858 in München). Maler, hauptsächlich von Landschaften, u.a. in Holstein.

Rohlfs, Christian (geb. 1849 in Niendorf, gest. 1938 in Hagen). Er arbeitete hauptsächlich in Weimar und Westfalen. Nach realistischer Landschaftsmalerei wandte er sich ab etwa 1900 dem Expressionismus zu, behandelte dann religiöse Themen und im Alter wieder Blumen und Landschaften. Für die Nazis war er „entartet".

Christiansen, Hans (geb. 1866 in Flensburg, gest. 1945 in Wiesbaden). Jugendstilmaler und Kunsttischler (Näheres: Museumsberg Flensburg).

Intarsienbild von Hans Christiansen (Foto: Museumsberg Flensburg)

Nolde, Emil (geb. 1867 in Nolde bei Tondern, gest. 1956 in Seebüll bei Niebüll). Nach einer Holzschnitzerlehre in Flensburg entwickelte er sich zu einem führenden Vertreter der expressionistischen Malerei. Von den Nazis geächtet, obgleich er als dänischer Staatsbürger schon 1934 Mitglied einer NSDAP-Vorgängerorganisation war. Obwohl sehr weltläufig, malte er immer wieder in Norddeutschland, wo er in Seebüll sein endgültiges Domizil baute (Näheres: Nolde-Museum Seebüll, 25927 Neukirchen bei Niebüll, Tel. 04664/364; Heinrich-Sauermann-Haus, Museumsberg Flensburg). Nolde war das Vorbild für den Maler Nansen in dem Roman „Deutschstunde" von Siegfried Lenz.

Barlach, Ernst (geb. 1870 in Wedel, gest. 1938 in Rostock). Er hat von 1901 bis 1904 in seiner Geburtsstadt gearbeitet. Er war Bildhauer, Graphiker und Dichter, international anerkannt, aber von den Nazis verfehmt (Näheres: Ernst-Barlach-Museum, Mühlenstr. 1, 22880 Wedel, Tel. 04103/918291; Ernst-Barlach-Museum, Barlachplatz 3, 23909 Ratzeburg, Tel. 04541/3789; Heinrich-Sauermann-Haus, Museumsberg Flensburg).

Hablik, Wenzel (geb. 1881 in Brüx, gest. 1934 in Itzehoe). Maler und Kunsthandwerker, seit 1908 in Itzehoe ansässig (Näheres: Wenzel-Hablik-Museum, Reichenstr. 21, 25524 Itzehoe, Tel. 04821/603377).

Blunck, Heinrich (geb. 1891 in Kiel, gest. 1963 in Heikendorf). Maler und Lithograph, Begründer der Heikendorfer Künstlergruppe (Näheres: Künstlermuseum Heikendorf, Teichtor 9, 24226 Heikendorf, Tel. 0431/248093).

Weber, A. (Andreas) Paul (geb. 1893 in Arnstadt, gest. 1980 in Schretstaken bei Mölln). Virtuoser Zeichner, Lithograph, Maler und Buchillustrator, insbes. satirische und zeitkritische Themen (Näheres: A.-Paul-Weber-Museum, Domhof 5, 23909 Ratzeburg, Tel. 04541/860720).

Weckwerth, Werner (geb. 1906 in Berlin, gest. 1996 in Friedrich-Wilhelm-Lübke-Koog). Vielgereister und vielseitiger Maler, der seine letzten Schaffensjahre in Nordfriesland verbrachte. (Näheres: Werner-Weckwerth-Museum, Wellumweg 50, 25924 Friedrich-Wilhelm-Lübke-Koog, Tel. 04668/296).

Flath, Otto (geb. 1906 in Staritzke bei Kiew, gest. 1987 in Bad Segeberg). Maler (über 20.000 Aquarelle und Zeichnungen) und Holzbildhauer (über 3.500 Holzarbeiten), der überwiegend religiöse Themen behandelte (etwa 50 Altäre), wobei er auch Gesichtsschleier bei Holzskulpturen darstellte (Näheres: Otto-Flath-Kunsthalle, Bismarckallee 5, 23795 Bad Segeberg, Tel. 04551/879900).

Kock, Hans (geb. 1920 in Kiel, gest. 2007 in Kiel). Maler und Bildhauer (Stein, Metall), arbeitete vor allem auf Gut Seekamp, wohin er durch seine Frau Anne, geb. Olde, gekommen war (Näheres: Hans-Kock-Stiftung, Gut Seekamp, Seekamper Weg 20, 24159 Kiel-Schilksee, Tel. 0431/371837, Freigelände ständig frei zugänglich).

Auch in dem Raum zwischen Kunst und Kunstgewerbe gab es beachtliche Leistungen. Dazu gehörte am Ende des 19. Jahrhunderts die genossenschaftlich betriebene Scherrebeker Weberei (heute: Skærbæk in Dänemark), die sogar eine Filiale in Breslau gründete und auf vielen wichtigen Ausstellungen vertreten war, allerdings keinen großen wirtschaftlichen Erfolg hatte. Im Bereich der Möbelkunst waren es die Flensburger Werkstätten, die vor allem den Jugendstil vertraten und großen Einfluss hatten. Ihre Erzeugnisse findet man noch auf dem Flensburger Museumsberg, der seine Gründung den Werkstätten verdankt.

In den Jahrzehnten um 1800 florierten in Schleswig-Holstein viele Fayencerien, so in Eckernförde, Kellinghusen, Kiel, Schwartau und Stockelsdorf, von denen manche ein beachtliches Niveau erreichten (Produkte heute in den örtlichen Museen und im Landesmuseum für Kunst und Kulturgeschichte Schloss Gottorf, Schleswig).

Die Landesherrlichkeit des Bischofs hätte eigentlich mit der Reformation ein Ende haben müssen. Nicht so in Lübeck. Das Bistum wurde, als 1561 ein Protestant Bischof wurde, zu einem Fürstbistum. Die 32 Domherren, von denen vier katholisch waren, retteten ihre Pfründen, indem sie sich unter den Schutz der Herzöge von Schleswig-Gottorf stellten. Sie wählten dafür seit 1586 jeweils jüngere, nicht das Herzogtum erbende Söhne der Gottorfer zu Koadjutoren, praktisch Stellvertretern des Bischofs, die üblicherweise dessen Nachfolger wurden. Darüber wurde 1647 sogar ein förmlicher Vertrag geschlossen. Die Fürstbischöfe ließen sich bevorzugt mit kriegerischem Harnisch malen. Einige von ihnen, so vor allem Friedrich August und Peter Friedrich Ludwig (1755–1829, regierte 1776 bzw. 1785–1829) hatten auch starke kulturelle Interessen und machten ihre kleine Hauptstadt zu einem geistig-kulturellen Zentrum, indem sie maßgebliche Geistesgrößen nach Eutin beriefen, so den Dichter Friedrich Leopold Graf zu Stolberg, den Homer- und Shakespeare-Übersetzer Johann Heinrich Voß, die Maler Johann Heinrich Wilhelm Tischbein und Philipp Ludwig Strack sowie den Arzt Christoph Friedrich Hellwag. Neben seiner Stellung als Fürstbischof von Lübeck wurde Friedrich August 1777 auch Herrscher des neuen Herzogtums Oldenburg, das 1815 zum Großfürstentum erhoben wurde und aus drei Landesteilen bestand: Herzogtum Oldenburg, Fürstentum Lübeck (seit 1803 säkularisiert und daher von der Bischofswürde getrennt) und Fürstentum Birkenfeld (im Hunsrück). Obwohl Eutin inzwischen ein prächtiges Barockschloss mit öffentlich zugänglichem Englischen Garten hatte, wurde die Residenz nach Oldenburg verlegt.

Herzog Peter Friedrich Ludwig von Oldenburg auf einem Portrait im Ostholstein-Museum in Eutin (Foto: Museum)

Erst 1918 war mit der Kleinstaaterei ein Ende. Eutin war dann Hauptstadt des Landesteils Lübeck des Freistaates Oldenburg, weswegen bis zum 31.3.1937 vor dem Eutiner Landratsamt täglich eine Lübecker Landesfahne aufgezogen wurde. Dann machte das Groß-Hamburg-Gesetz der nationalsozialistischen Regierung es zu einem Teil Preußens. Lediglich die Kirche setzte die Tradition fort: Bis zum 31.12.1976 gab es eine evangelisch-lutherische Landeskirche Eutin unter einem Landespropst, der über zwölf Pfarreien wachte, bis diese in der Nordelbischen Evangelisch-Lutherischen Kirche aufging.

Hamburg verdankte seinen Aufstieg den Versuchen zur Christianisierung des Nordens. Im Jahr 810 als fränkischer Stützpunkt gegründet, 825 mit der Hammaburg – kein steinerner Adelssitz, sondern nur eine mit Wällen gesicherte Siedlung – ausgestattet, wurde es 831 zum Sitz eines Bistums, das 848 mit dem schon älteren Bistum Bremen

zum Erzbistum Bremen-Hamburg (bis 1648) vereinigt wurde. Als der Herzog von Sachsen 1111 Holstein den Grafen von Schauenburg zum Lehen gab, nahm Graf Adolf I. seinen Sitz in Hamburg. Die eigentliche Entwicklung zur Stadt verdankte Hamburg, wie Lübeck, seiner Lage am Übergang vom Fluss zum Meer. Die Siedlung aus lehmverputzten Holz-Flechtwerk-Bauten erhielt Markt- und Münzrechte, die entschieden verteidigt wurden, indem u.a. 1477 ein Münzfälscher „up den ketel“ kam, d.h. in einem Kessel mit siedendem Öl getötet wurde. Die Hamburger wurden sowohl im Nahbereichs- wie im Fernhandel aktiv, vornehmlich in Richtung Nordsee.

Die Schauenburger Grafen taten viel für die Weiterentwicklung der Stadt. Einen besonderen Wachstumsschub erhielt sie unter Adolf IV.: die Fläche wuchs von 15 auf 80 Hektar. Wie die Lübecker Bürgerschaft mit ihrem Bischof ihre Konflikte hatte, so hatten auch die Hamburger Grafen Zwist mit den Herren der Domstadt, bis es ihnen gelang, das geistliche Viertel 1228 ihrem Gebiet einzuverleiben. Um die gleiche Zeit übernahm ein hauptsächlich von Großkaufleuten besetzter Rat unter einem Bürgermeister einen wesentlichen Teil der Verwaltung. Das Hamburger Stadtrecht wurde schriftlich niedergelegt und 1270 in Kraft gesetzt; die Rechtsprechung unterstand nun dem Rat und nicht mehr dem Grafen. Die Entwicklung des Handels ließ auch allerlei Handwerker sich ansiedeln, die sich in Zünften, in Hamburg „Ämter“ genannt, organisierten

Diese Urkunde aus dem Jahr 1059 über die Übertragung von Gütern an die Kirche stammt von Adalbert, genannt „der Große“, dem mächtigsten Erzbischof von Hamburg und Bremen (Foto: Landesarchiv Schleswig-Holstein)

und sich eine Monopolstellung erarbeiteten. So gab es vom 30-jährigen Krieg bis in das 19. Jahrhundert 48 Goldschmiedemeister. Schon 1375 zeigte sich, bei 8.000 Einwohnern, eine Sozialstruktur mit drei Schichten (im weiteren Sinne) und einer relativ starken Mittelschicht: Oberschicht mit 19 Ratsherren, 178 Fernhandelskaufleuten, 231 Exportbrauern; Mittelschicht mit 509 Handwerkern (davon 104 Böttcher), 226 Lokalbrauern, 42 Stadtbediensteten, 21 Krämern, 10 Hökern; Unterschicht mit Lehrlingen, Gesellen, Gesinde, Fuhrleuten, Matrosen, Tagelöhnern usw. Hamburg erhielt Rechte auf der Elbe, kaufte das Gebiet um das heutige Cuxhaven und erwarb, des Öfteren zusammen mit Lübeck, Pfand- und Besitzrechte an Gemeinden im Elbe-Alster-Bereich.

Nachdem Hamburg unter den Schauenburgern immer mehr informelle Selbstständigkeit erlangt hatte, wollte Christian I. als neuer Herrscher über Holstein ab 1460 seine Hoheitsrechte wieder uneingeschränkt ausüben. Das führte auf Reichsebene zu einem ständigen Hin und Her: Mal wurde Hamburg als reichsunmittelbar behandelt, mal als Teil des Herzogtums. So blieb es bis ins 18. Jahrhundert, nach anderen Quellen aber war es seit dem 13. Jahrhundert, spätestens seit 1510 Reichsstadt. Aber die Herzöge von Schleswig-Holstein haben die Entscheidungen des Kaisers (1510) und des Reichskammergerichts (1618) lange nicht anerkannt. Erst als Hamburg ihnen ihre Schulden von über 45 Millionen Taler erließ, ließen sie sich am 27.5.1768 im sog. Gottorfer Vergleich zur Anerkennung bewegen. Zur Hanse hatte Hamburg schon lange gehört; denn dafür war Reichsunmittelbarkeit nicht erforderlich.

Hamburg verhielt sich mehr diplomatisch als kriegerisch, aber immer weit vorausschauend und auf den eigenen Vorteil bedacht. In dem Krieg zwischen Dänemark und Lübeck im Jahr 1508 stellte es sich weder an die Seite seines Landesherrn, des Königs von Dänemark als Herzog von Holstein, noch an die ihrer Hanseschwester Lübeck, aber zahlte beiden Seiten Hilfsgelder. Die Finanzkraft der Stadt löste manche Probleme, um die andere Staaten Krieg führen mussten.

Die Hanse war ein Bund von norddeutschen Städten, Reichsstädten oder Territorialfürsten untertanen Städten, und Einzelkaufleuten im Fernhandel, die sich gegensei-

Modell der Hansekogge „Adler von Lübeck“ aus dem Holstentor-Museum (Foto: Museum)

tig im Handel wirtschaftlich und politisch unterstützten, so durch, auch militärische, Bekämpfung von Piraterie und Übergriffe von Fürsten. Das 1720 erbaute Convoyschiff „Wappen von Hamburg" war z.B. ein Kriegsschiff, das Konvois (Geleitzüge) von Handelsschiffen als Schutz begleitete. Das bekannteste Frachtschiff der Hanse war die Kogge: in den meisten Fällen 15 bis 25 m lang, 5 bis 8 m breit, Mast ca. 25 m, Segelfläche ca. 200 qm, Laderaum ca. 150 Kubikmeter = 200 bis 300 Fässer, Besatzung 10 bis 18 Mann, konnte aber nicht gegen den Wind kreuzen und wurde daher von anderen Schiffstypen abgelöst.

Oft im Zusammenhang mit der Hanse genannte ausländische Orte, wie vor allem London („Stalhof"), Brügge, Antwerpen, Bergen oder Nowgorod, waren keine Hansestädte, sondern Niederlassungen („Kontore") oder Faktoreien; Visby, Reval, Riga oder Deventer dagegen waren Mitglied. Die Hanse war nicht etwa ein früher Versuch zur Durchsetzung eines freien Welthandels oder gar Anfang der Globalisierung, sondern ein Bündnis zur Schaffung und Verteidigung von Privilegien ihrer Mitglieder. Es ging also um hansegünstige Regulierung, nicht etwa um gleiche Chancen für alle Marktteilnehmer, wie sie die Globalisierung durch Deregulierung erreichen soll.

Ab etwa 1100 waren es quantitativ das zunehmende Bevölkerungswachstum und qualitativ der durch Urbanisierung und Wohlstandsmehrung aufkommende Wunsch nach differenziertem Konsum, die das Bedürfnis nach mehr Fernhandel entstehen ließen, den vor allem skandinavische und flämische Kaufleute schon länger betrieben hatten (vgl. Haithabu), wie er aber auch von russischen und baltischen Kaufleuten ausgeübt wurde. Der Vorteil Lübecks war nun, dass es eine wirtschaftlich differenzierte, infrastrukturell anspruchsvolle, politisch verlässliche (Rechtssicherheit), mit eigener Münze (seit 1158; der Lübecker Pfennig galt von 1159 bis 1582 zeitweise als gemeinsame Währung mit Hamburg) ausgestattete Stadt mit guten Verbindungen zu Lieferanten und Abnehmern im Hinterland war.

Ganz ähnlich war die Situation in Hamburg. So war es geradezu natürlich, dass beide Städte zu frühen Mitgliedern und dann gar Hauptstützen der Hanse wurden. Deren zeitlicher Beginn ist nicht genau festzustellen. Gemeinschaften von Kaufleuten einer Stadt oder einer Region, die sich für Frachtfahrten über Land oder zur See zu gegenseitigem Schutz zusammenschlossen, gab es schon zu karolingischer Zeit. Sie erlangten zu diesem Zweck auch kaiserliche, königliche oder sonstige landesherrliche Privilegien, auf deren Grundlage sich auch eine eigene Gerichtsbarkeit entwickelte und eine eigene Rechtspersönlichkeit, die das Schließen von Verträgen mit ausländischen Herrschern ermöglichte, beispielsweise zur Eröffnung von Niederlassungen.

Als das staufische Kaiserreich Mitte des 13. Jahrhunderts immer schwächer wurde, ergriff der von Kaufleuten beherrschte Rat der Stadt Lübeck die Gelegenheit, den Handel durch Verträge zu sichern. Lübeck setzte sich dabei gegen die Konkurrenz von Visby (auf Gotland, Schweden) durch. Dabei wurde das Lübecker Recht zum Muster für viele neue Stadtgründungen. Im Jahr 1356 trafen sich in Lübeck Vertreter mehrerer Städte zur Vorbereitung eines „Hansetages". Dieses Jahr gilt als formeller Beginn der Hanse, obwohl der Hansetag erst zwei Jahre später stattfand. Seit dieser Zeit findet man in vielen Städten die Selbstzuordnung zur „dudeschen hense", abgeleitet vom althochdeutschen Wort hansa für Gefolge, Kriegerschar. Anfang des 14. Jahrhunderts hatte Hamburg etwa 5.000 Einwohner, und Lübeck zählte 1536 mit 25.000 Einwohnern zu den fünf größten Städten des Reiches. Die schnellen Bevölkerungszunahmen im 14. und 15. Jahrhundert wurden durch Pest- und Pockenepidemien sowie große Stadtbrände, nach denen der Steinbau statt der Holzkonstruktionen obligatorisch wurde, oft wieder aufgezehrt, aber bald darauf durch Einwanderung wieder aufgefüllt.

Durch seine Größe, seine geographische Lage und die daraus folgende Vielfalt seiner Handelsbeziehungen, seiner Branchen und Zielgebietsinteressen hatte Lübeck viele Anlässe zur Entfaltung eigener Initiativen in der Hanse, wurde aber auch gern von anderen Städten als Ratgeber und Wortführer gewählt. Daraus ergab sich eine Art Führungsrolle Lübecks in der Hanse, die sich aber im dauernden Handeln verwirklichte und nie zu einer Art Vorgesetztenposition wurde. In den ersten fünfzig Jahren der formellen

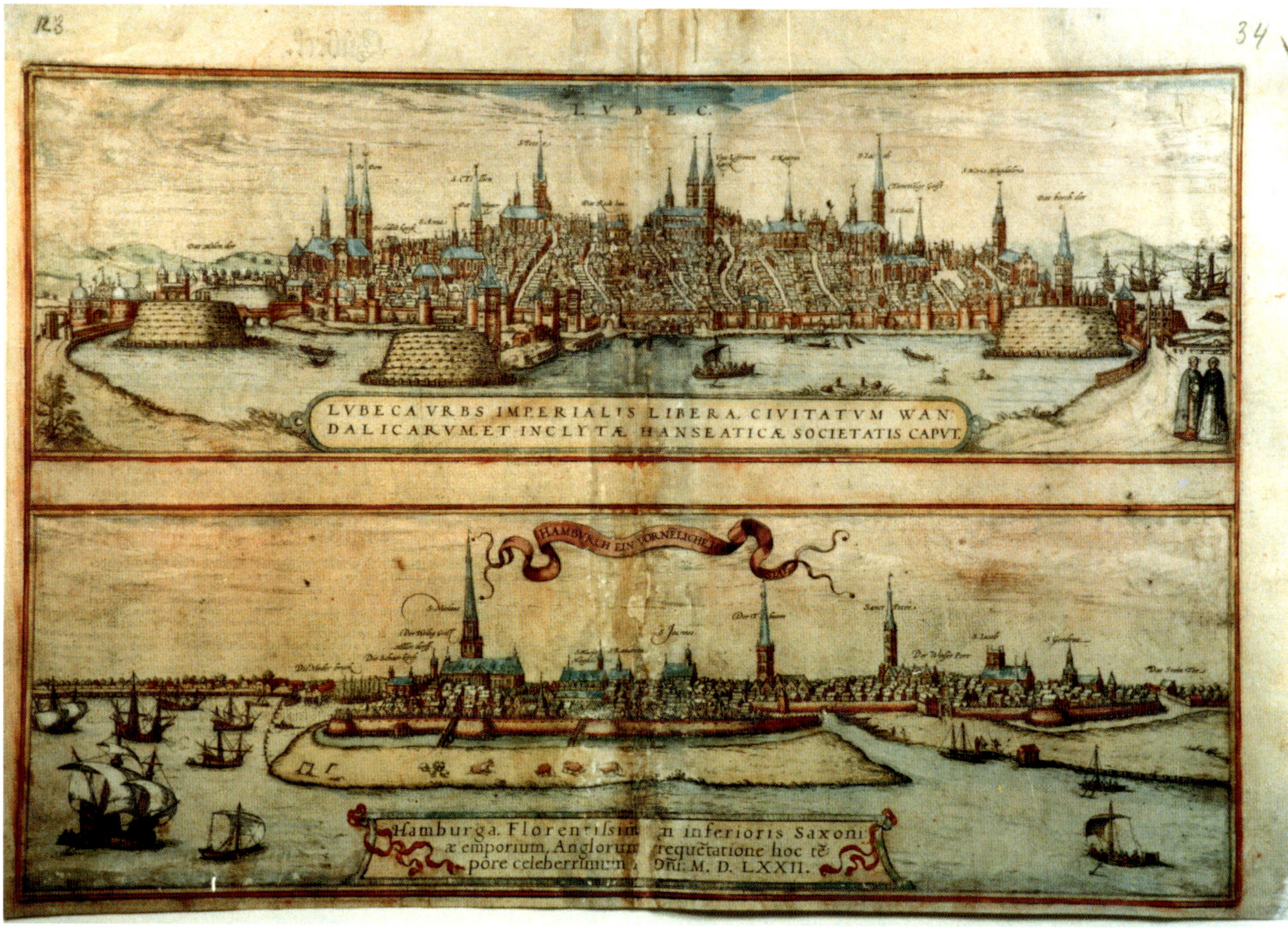

Stadtansicht von Lübeck um 1572, als es etwa 30.000 Einwohner hatte, und darunter das bescheidener wirkende Hamburg (Foto: Museum St. Annen)

Existenz der Hanse fanden zwei Drittel der „Mitgliederversammlungen" in Lübeck statt. Insgesamt aber erhielt sich ein sehr komplexes und kompliziertes Geflecht von Regeln der Beschlussfassung, Zuständigkeit von Gremien und Inkrafttreten von Normen, so dass die Hanse keine schlagkräftige Organisation mit der Fähigkeit zu eigener gestaltender Politik werden konnte. Genaue Unterlagen über die Mitglieder gibt es nicht. Nach den meisten Schätzungen sollen es im Durchschnitt etwa 70 Städte gewesen sein. Für die Mitte des 15. Jahrhunderts wird von 166 Hansestädten gesprochen. Auch Kiel, auf Lübecker Stadtrecht gegründet, ist wohl 1283 Hansestadt geworden; 1388 stellte Lübeck, allerdings vergeblich, den Antrag auf Ausschluss Kiels; 1554 wurde erklärt, dass Kiel seit vielen Jahren seine Mitgliedschaft verwirkt habe. Besonders eng war die Zusammenarbeit zwischen Lübeck und Hamburg wegen der sich ergänzenden Richtungen der wichtigsten Schiffsbewegungen.

Viele Ereignisse und Entwicklungen seit dem 15. Jahrhundert waren für die Hanse ungünstig: die Epidemien im eigenen Land waren auch Konjunktureinbrüche; durch die Verbesserung der Straßen und die Erhöhung der Sicherheit auf ihnen sowie wegen des Hundertjährigen Krieges zwischen England und Frankreich verlagerte sich der Italienhandel großenteils von der See auf das Land, wo die oberdeutschen Handelsgenossenschaften, etwa die Ravensburger und die Nürnberger, das Geschäft machten, die sich auch des ohnehin landgebundenen zunehmenden Osteuropahandels annahmen; die verstärkte staatliche Rechtsetzung machte interkommunale Verträge immer schwieriger; die Territorialfürsten bemühten sich, ihre Hansestädte an die kürzere Leine zu nehmen; innere Unruhen in wichtigen Hansestädten; durch die Kolonien in Amerika und Südostasien Verlagerung des Schwergewichts der Handelsschifffahrt von der Ostsee in den Atlantik. Dazu kamen eigene grobe politische Fehler. Ein Beispiel bot Jürgen Wullenwever. Er war ein aus Hamburg nach Lübeck zugewanderter Kaufmann, der in den Rat und dann zum Bürgermeister (1533–1535) gewählt wurde. Als solcher wagte er es, gegen den dänischen König Christian, der damals auch mit Schweden verbündet war, Krieg zu führen, um für seine Stadt die Seehoheit auf der Ostsee zu sichern. Auf seiner Seite hatte er nur einige Hansestädte und Dithmarschen, die aber nur bei den Kosten etwas halfen. So wurde Lübeck nicht nur zu Lande geschlagen, sondern verlor 1535 in der Seeschlacht bei Svendborg fast alle seine Schiffe, so dass die Stadt und die Hanse nun nicht mehr als beachtliche Seemacht gelten konnten.

Das alles führte dazu, dass ab etwa 1550 immer mehr Städte aus der Hanse austraten bzw. ausgeschlossen wurden. Zum letzten Hansetag 1669 in Lübeck erschienen nur noch sechs Städte durch Abgesandte, drei weitere hatten Vollmachten erteilt. Obwohl auch danach noch Lübeck, Hamburg und Bremen gelegentlich im Namen des Verbundes handelten, gilt dieses Jahr als Ende der Hanse, das nie formell beschlossen wurde.

Lübeck behielt seine 1226 erlangte Reichsunmittelbarkeit bis zum 1.4.1937. An diesem Tag trat das Groß-Hamburg-Gesetz in Kraft und gliederte Lübeck als Stadtkreis in die preußische Provinz Schleswig-Holstein ein. So blieb es auch, als Schleswig-Holstein Bundesland wurde.

Hamburg hatte lange eine ungeklärte verfassungsrechtliche Stellung. Der dänische König, welcher es auch gerade war, pflegte als Nachfolger der Grafen von Holstein eine Huldigung zu verlangen, d.h. die Anerkennung als Lehns- und Landesherr. Der Hamburger Rat, lange an relative Eigenständigkeit gewöhnt, suchte Rückhalt beim deutschen Kaiser, also praktisch Anerkennung als freie Reichsstadt, und übte eine ständige Schaukelpolitik. Der umtriebige Dänenkönig Christian IV. gründete sogar mit Glückstadt eine Siedlung, die Hamburg wirtschaftlich, militärisch und finanzpolitisch (Elbzölle) im Zaum halten sollte, es aber dann doch nicht schaffte. Hamburg erweiterte die Befestigungsanlagen, blieb im Dreißigjährigen Krieg neutral, verdiente durch den Handel mit den Kriegsparteien recht gut und wuchs bis zum Ende des Krieges auf

Der Lübecker Bürgermeister Jürgen Wullenwever (Foto: Museum St. Annen)

80.000 Einwohner, die z.T. reiche Einwanderer protestantischer Minderheiten oder jüdischen Glaubens, etwa calvinistische Niederländer (Hamburg nahm z.B. 1567 vom spanischen Statthalter Herzog Alba grausam verfolgte „merchant adventurers“, d.h. Fernhandelskaufleute, auf, rüstete aber gleichzeitig die spanische Armada aus) oder spanische Juden, waren, die in Hamburg Einwohner minderen Rechts (kein Wahlrecht, begrenzte Gewerbebefugnis, keine öffentliche Religionsausübung) wurden, die aber bald die Wirtschaft stark belebten. Aber auch unter den Alteingesessenen gab es weiterhin eine ständische Gliederung von den vollberechtigten Ratsherren, Kaufleuten und Brauern bis zu den Grundbesitz- und Vermögenslosen, die kein Bürgerrecht hatten.

Den letzten großen staatsrechtlichen Glücksfall erlebte Hamburg mit dem Groß-Hamburg-Gesetz von 1937. Zwar musste es Cuxhaven und einige kleinere Gemeinden an der Elbe abgeben. Dafür erhielt es über hundert Gemeinden und Gemeindeteile in seinem unmittelbaren Umland. Den eigentlichen Preis aber zahlte die frühere hansische Schwesterstadt Lübeck durch ihr Aufgehen in der Provinz Schleswig-Holstein. Lübeck versuchte zwar nach dem 2. Weltkrieg, ein eigenständiges Bundesland zu werden, was aber vom Bundesverfassungsgericht mit Urteil vom 5.5.1956 abgelehnt wurde.

Schleswig-Holstein und Dänemark

Landesarchiv Schleswig-Holstein in Schleswig
Das Landesarchiv ist die weitaus ergiebigste Quelle zur Landesgeschichte, soweit sie in Schrift und Bild belegt ist. Der öffentliche Lesesaal eignet sich hervorragend für gründliche Studien zur Landes-, Orts-, Familien- und Personengeschichte sowie für Sozial-, Kultur-, Wirtschafts- und Technikgeschichte; er bietet Zugang zu rund 30.000 Regalmetern Akten, etwa 25.000 Karten und über 10.000 Urkunden. Ausstellungsräume bieten oft hervorragende Wechselausstellungen, aber leider keine Dauerausstellung.

Museet på Sønderborg Slot in Sønderborg
Im 2. Stock bietet Raum 9 Angaben zu Christians II. Gefangenschaft im Schloss; Raum 10 und 11: Kirchenkunst aus dem Herzogtum Schleswig 1200 bis 1650; Raum 13: Adel, Bürger und Bauer im 17. und 18. Jahrhundert; Raum 16: die Augustenburger. Im 3. Stock: Raum 40 mit der Geschichte der Sonderburger Schiffergilde von 1614; Raum 42: ehemaliges fürstliches Empfangszimmer im 16. Jahrhundert; Raum 43: ein 43 m langer Rittersaal von 1550. Dazu Schlosskirche von 1568–70, ältester erhaltener Renaissanceraum in Skandinavien.

Stadtmuseum Schleswig
Im Obergeschoss zeigt das Museum viele Zeugnisse über das Verhältnis zwischen Königreich und Herzogtum, insbesondere auch über Schleswigs Funktion als Hafenstadt.

Möllner Museum Historisches Rathaus
Die Ausstellung zeigt ein Modell der Stadt um 1750, Hausrat aus dem 18. und 19. Jahrhundert; einen Pranger um 1700, eine Festungsmuskete aus derselben Zeit; Beschreibungen der Handwerkerzünfte und der Stadt-Land-Beziehungen.

Schleswig-Holsteinisches Freilichtmuseum Molfsee
Auf dem großzügig gestalteten Gelände sind aus allen Landesteilen über sechzig ländliche, zumeist bäuerliche, Gebäude aus der Zeit zwischen 1569 und 1936 außen und innen zu besichtigen. Sie wurden am ursprünglichen Standort abgetragen, im Museum originalgetreu wiederaufgebaut und mit zeit- und stilgerechter Ausstattung wieder eingerichtet. Man findet Bauernhäuser und Wirtschaftsgebäude, Backhäuser, Wind- und Wassermühlen, Kolonistenhäuser, Pfarrhaus, Schmiede, Katen, Stellmacherei, Meierei, Apotheke, Reeperbahn, Fischerhütte, sogar einen Jahrmarkt mit Karussel, Orgel und Buden. Dazwischen Bauerngärten und Weiden mit Vieh und Geflügel. An Aktionstagen werden viele Gebäude von Handwerkern betrieben, und man kann Brot, Korbwaren und Molkereiprodukte kaufen.

Schlossmuseum Glücksburg
Das Schloss, errichtet auf dem Gelände eines untergegangenen Zisterzienserklosters, war Stammsitz der Herzöge von Schleswig-Holstein-Glücksburg. Im Keller unter der Kapelle Fundstücke aus den Klosterruinen (Backsteine im Klosterformat, Schmiedeerzeugnisse, Wasserleitung aus Baumstämmen). Im Erdgeschoss Archivalien zur Stadtgeschichte und frühe Industrieprodukte. Im 1. Obergeschoss große Halle mit Wohnräumen zu beiden Seiten (Gemälde der Herzogsfamilien, Möbel usw.). Im 2. Obergeschoss riesige Wandtapeten, Tafelsilber, Geschirr, Modejournale, persischer Seidenstoff von der Expedition 1635–39, Waffen aller Zeiten. Im 3. Obergeschoss: Räume der Bediensteten mit deren Uniformen. Manche Räume sind gut erklärt, andere nur durch „Nicht berühren!“.

Museum für Kunst und Kulturgeschichte, Schleswig-Holsteinische Landesmuseen Schloss Gottorf, Schleswig
An den zahlreichen Porträts der dänischen Könige, die zugleich Herzöge in Schleswig und Holstein waren, sowie der schleswig-holsteinischen Herzöge, die Könige von Dänemark wurden, lassen sich die Personalverflechtungen beider Territorien teilweise nachvollziehen. Hier findet man auch die Privilegienlade der schleswig-holsteinischen Ritterschaft von 1504 mit einem Faksimile der Ripener Urkunde von 1460.

Museum Tuch und Technik Neumünster
Neben seinem engeren Hauptthema behandelt das Museum auch die allgemeinere Geschichte des Landes, so auch das Zunftwesen.

Stadtmuseum „Alte Münze" Friedrichstadt
zeigt u.a. das Wirken niederländischer Einwanderer zu Gunsten des gesamten Herzogtums.

Heinrich-Sauermann-Haus auf dem Museumsberg Flensburg
Kirchenkunst aus dem Herzogtum Schleswig, Möbel und ganze Stuben aus Bauernhäusern des 16. und späterer Jahrhunderte, Hausrat und Trachten, Ofenplatten, Zunftgeschirr, Töpferwaren, Spitzenklöppelei aus Tondern, Leinenweberei des 18. und 19. Jahrhunderts.

Flensburger Schifffahrtsmuseum
Im Museum gibt es ein Exemplar von Braun/Hogenberg: Theatrum urbium ..., Köln 1588, mit der ältesten Ansicht von Flensburg sowie ein Stadtmodell mit dem Zustand von etwa 1600. Schiffsmodelle vom Mittelalter bis heute, nautische Geräte, Konstruktionszeichnungen, Werftmodelle, Gemälde und Fotos von Schiffen, Reedern und Kapitänen mit guten Erklärungen beschreiben die Bedeutung des Seeverkehrs für Flensburg. Dazu: Beschreibung der wichtigsten Regionen der Welt, mit denen Seehandel betrieben wurde. Im Keller: Rum-Museum mit Destillieranlagen, Produktbeispielen usw. zu diesem bis vor Kurzem so wichtigen Industriezweig.

Altonaer Museum für Kunst und Kulturgeschichte in Hamburg
Das Museum zeigt Stadtansichten aus verschiedenen Jahrhunderten in Stichen und Gemälden sowie Schiffsmodelle in großem Maßstab (bis 1:5) von der Fregatte des 18. Jahrhunderts bis zum Containerschiff von 2005. Fische und Fischfangtechniken werden in Modellen erklärt.

Dethlefsen-Museum im Brockdorff-Palais Glückstadt
Dargestellt wird die Geschichte der (Festungs-)Stadt, auch ihre Belagerungen, u.a. 1627/28 und 1813. Weiterhin mit ausführlichen Erläuterungen die bäuerliche Lebenswelt in den Elbmarschen, so Reetdachdeckerei und Flachsbearbeitung, schließlich auch Fisch- und Walfang (Grönlandfahrer) sowie die Situation der Flüchtlinge 1945.

Nach der Betrachtung von vier kleineren Teilräumen Schleswig-Holsteins in den vier vorangegangenen Kapiteln schließen wir jetzt wieder an das Kapitel über das Herzogtum Schleswig an und behandeln das ganze Land. Herzog Adolf VIII. von Schleswig, in Personalunion auch Graf von Holstein, war ohne Erben am 4.12.1459 gestorben. Man brauchte also einen Nachfolger.

Um die Nachfolge bewarben sich Otto von Schauenburg und Christian I. von Dänemark. Die Stände, die Versammlungen der Adligen, von Schleswig und Holstein waren sich darüber nicht einig. Bei mehreren Treffen verhandelten sie mit beiden Seiten und ließen sich Wahlversprechen geben. Am 5.3.1460 wählten sie in Ripen (heute dän. Ribe) im Namen der Prälaten, der Ritter, der Städte und der Einwohner Schleswigs und Holsteins Christian I. von Dänemark aus dem Hause Oldenburg zum Herzog von Schleswig und Grafen von Holstein. Dazu gab es nähere Bestimmungen, die der neue Herrscher am 4.4.1460 in Kiel noch durch

Der „Vertrag von Ripen" von 1460 (Foto: Landesarchiv Schleswig-Holstein)

eine „tapfere Verbesserung der Privilegien" ergänzte. Die wichtigsten Punkte waren: 1) die Wahl gilt nicht dem König von Dänemark, sondern der Person Christian, so dass nach seinem Tode die Wahl unter seinen Kindern, ggf. weiteren Erben, frei ist; 2) die Huldigung gilt nicht dem König von Dänemark, sondern dem Herzog von Schleswig bzw. Grafen von Holstein; 3) Beamte in diesen Ländern sollen nur Landeskinder werden; 4) Steuern u.ä. bedürfen der Zustimmung der Stände der Länder; 5) es gelten die in Lübeck und in Hamburg üblichen Münzen; 6) Krieg darf nur mit Zustimmung der Landstände geführt werden und, in der Folgezeit immer wieder als „Vertrag von Ripen" zitiert, 7) „dat se bliven ewich tosamende ungedeelt", was dann im Sprachgebrauch zu „op ewig ungedeelt" als politische Parole vereinfacht wurde. Damit begannen 400 Jahre gemeinsamer dänisch-schleswig-holsteinischer Geschichte.

Die Geschichte begann sehr trübe. Christian machte hohe Schulden, stritt sich mit seinen Brüdern bis hin zum Krieg und führte auch gegen Schweden Krieg, wofür ihm die Schleswig-Holsteiner nicht die gewünschten Sondersteuern bewilligten. Gewissermaßen als großen Befreiungsschlag begann er mit gewaltigem Gefolge am 8.1.1474 eine Reise nach Rom, von der er Ende August zurückkehrte. Unterwegs verhandelte er mit Herzögen, Kaiser und Papst und machte natürlich weitere Schulden. Er erreichte aber ein Bündnis mit dem Kaiser und die Zusammenfassung der Länder Stormarn, Holstein und Dithmarschen zum Herzogtum Holstein und seine Belehnung damit am 14.2.1474.

Schloss Gottorf, Inneres der Schlosskirche (Foto: S-H Landesmuseen Schloss Gottorf)

Seither gab es die Herzogtümer Schleswig und Holstein. Im Juni 1481 widerrief der Kaiser allerdings die Belehnung mit Dithmarschen, weil Christian darüber getäuscht habe, dass dieses Land bereits Lehen des Erzbischofs von Bremen war. Christian I. verstarb aber schon im Mai 1481.

Seine beiden Söhne, König Hans (auch Johann genannt) und Herzog Friedrich, zogen zwar 1500 gemeinsam gegen Dithmarschen, wo sie bei Hemmingstedt vernichtend geschlagen wurden; im Übrigen aber arbeiteten sie eher gegeneinander. Hans' Sohn, Christian II., war ein harter, köpffreudiger, lotterlebiger König, der sich wenig um die Herzogtümer kümmerte, sondern Streit mit seinem Onkel Friedrich pflegte. Er wurde so verhasst, dass sein Onkel Friedrich am 26.3.1523 nach einem Aufstand in Jütland zum dänischen König gekrönt wurde, als Friedrich I. Auch als König residierte er weiter in Gottorf. Christian II. kam nach einem – nicht zuletzt wegen seiner im Exil erworbenen Neigung zum Luthertum – vergeblichen Versuch, die Herrschaft mit Gewalt zurückzuerobern, in Gefangenschaft auf Schloss Sønderborg, wo er von 1532 bis 1549 blieb, aber recht bequem, wie man dort noch heute sehen kann: Sein Hauptraum war ein helles Turmzimmer mit Blick über die Stadt, er konnte sich im Schloss frei bewegen und hatte bis zu vier adlige Gesellschafter.

Thema: Herrenhäuser

Ein Herrenhaus ist ein Wohngebäude eines in der Regel adligen, manchmal auch bürgerlichen Gutsbesitzers auf seinem Gutshof. Im Volksmund oder in der Touristikwerbung wird es gelegentlich auch als Schloss bezeichnet, obwohl ein Schloss nur der Sitz eines regierenden Adligen ist oder gewesen ist.

Üblicherweise ist es ein ein- oder zweistöckiges Gebäude, das nur dem Gutsbesitzer und seiner Familie zum Wohnen dient. Links und rechts wird es von zwei oft gewaltigen und gleichförmigen Gebäuden flankiert, die Ställe und Scheunen enthalten – manche werden heute zu Konzerten genutzt. Bei größeren Hofanlagen liegt gegenüber dem Herrenhaus an der vierten Seite des Hofes ein Torhaus, das in der Mitte die Durchfahrt zum Hof enthält. Es hat oft einen zweistöckigen Mittelrisalit, zumeist mit Uhrturm, und einstöckige Seitenflügel mit Räumen für Verwaltung und Wohnungen für höhere Hofbedienstete.

Viele Herrenhäuser wurden von bekannten Baumeistern errichtet und von spezialisierten Künstlern, oft aus Italien oder Frankreich, mit Stuckaturen, Gobelins, Großgemälden usw. ausgestattet. Die meisten dienen heute noch ihrem ursprünglichen Zweck; viele, die öffentlichen Zwecken als Museum usw. gewidmet sind, zeigen oft nur noch an der Größe ihrer Räume oder dem Charme einer Treppe die ursprüngliche Bauqualität. Einige Einblicke erhält man während der Konzerte zum Schleswig-Holstein Musik-Festival. Im Laufe der Jahrhunderte wurden die meisten Häuser samt Hof von einer Familie an die andere verkauft, vererbt, verspielt oder verschenkt (z.B. als Mitgift). Manche Adelsfamilien besaßen so mehrere Herrenhäuser gleichzeitig und gestalteten sie auch öfter nach ihrem Geschmack um.

Die Herrenhäuser liegen mit nur einer Ausnahme alle rechts der Autobahn Hamburg–Flensburg und in den Elbmarschen. Über 300 waren es zu den besten Zeiten; heute zählt man noch gut 130. Von diesen ist hier eine kleine Auswahl aufgezählt, die hauptsächlich nach ihrer Zugänglichkeit für Besichtigungen getroffen wurde. Die einzelnen Angaben sind: Ort (evtl. anderer Name des Hauses; besondere Sehenswürdigkeiten; BnV = Besichtigung nach Vereinbarung; Telefonnummer für eine Besichtigungsvereinbarung). Wo keine Besichtigung vorgesehen ist, bleibe man tunlichst vor dem Hoftor – aus Achtung vor der Privatsphäre oder Vorsicht vor dem bissigen Hund.

Ahrensburg (Museum der schleswig-holsteinischen Adelskultur) • **Altenhof** (Eichenallee, gewaltige Wirtschaftsgebäude; BnV 04351/41334; Konzerte beim SH Musik-Festival) • **Altenholz** (Knoop;

klassizistisch, kostbare Tapeten und Gemälde; BnV 0431/361012) • **Damp** (zweigeschossiger Festsaal mit Orgel und Doppeltreppe, nur zu Konzerten geöffnet) • **Emkendorf** (BnV 04330/994690; Konzerte beim SH Musik-Festival) • **Fargau** (Salzau; Landeskulturzentrum, Hauptort des SH Musik-Festivals) • **Haseldorf** (Park z.T. geöffnet; Konzerte beim SH Musik-Festival) • **Hasselburg** (Barock, zweigeschossige Halle; Musikinstrumentensammlung; BnV 04561/2330) • **Jersbek** (Barockgarten ab 1726, öffentlich zugänglich) • **Kletkamp** (BnV 04281/9080) • **Lensahn** (Petersdorf; Muster eines anheimelnden schlichten Herrenhauses) • **Oldenswort** (Hoyerswort; einziges Herrenhaus an der Westküste; vermietet Ferienwohnungen 04864/359) • **Panker** (imponierende Gesamtanlage) • **Ratzeburg** (Museum) • **Roseburg** (Wotersen; bekannt als Fernseh-„Guldenburg"; Außengelände zu besichtigen; häufig Konzerte) • **Schinkel** (Rosenkranz; im ital. Renaissancestil umgebaut) • **Schleswig** (Gündeothscher Hof; harmonisches Treppenhaus; Stadtmuseum) • **Wahlstorf** (Fachwerkwirtschaftsgebäude mit Reetdach).

Schon Friedrich I. hatte mit dem Luthertum sympatisiert, obwohl er bei seiner Wahl dem Adel versprochen hatte, die Ketzer in keiner Weise zu dulden oder gar zu fördern. Trotzdem erließ er eine Verordnung, „dass niemand bei Hals, Leib und Gut um der Religion willen einem anderen Gefahr und Unheil zufügen, sondern jeder sich in seiner Religion so verhalten solle, wie er es gegen Gott, den Allmächtigen, gedächte zu verantworten". Die katholische Kirche mit ihren personell überbesetzten Pfarrstellen und zahlreichen Klöstern hatte einen so großen Geldbedarf, dass Ablasshandel, Verkauf von Kirchenleistungen wie Sakramentsspende sogar an Tiere und mangelnde Qualifikation der Geistlichen die Bevölkerung sehr erregten und ihre Ohren öffneten für die jungen Geistlichen aus den eigenen Gemeinden, die in Wittenberg bei Luther gewesen waren und dessen Thesen in Schleswig-Holstein verbreiteten. Zu ihnen gehörten Nikolaus Boie in Meldorf, Marquard Schuldorp in Schleswig, Eberhard Weidensee in Hadersleben, Gerhard Slewerth in Flensburg und der frühere katholische Priester Hermann Tast in Husum. Wenn auch die Dithmarscher den lutherischen Missionar Heinrich von Zütphen, der von Boie nach Meldorf eingeladen worden war, nach alter Väter Sitte ermordeten und der katholische Klerus, der sich auf etwa 30 Klöster stützen konnte, heftig gegenhielt, wurden doch frei gewordene Pfarrstellen vom König gern mit lutherischen Predigern besetzt, und zwar im Einvernehmen mit der Gemeinde. In Schleswig-Holstein war die Reformation also eine Revolution von unten und oben zugleich. So wandte sich eine Gemeinde nach der anderen dem neuen Glauben zu, und die Obrigkeit duldete das und unterstützte es. In den 1520er Jahren waren schon viele Gemeinden protestantisch.

Als Friedrich 1533 starb, hatte der Adel es nicht eilig, den Nachfolger zu wählen. Einer der Gründe war, dass der Adel noch stramm katholisch war, Friedrichs Sohn Christian aber als Lutheraner galt. Als man aber in militärische Bedrängnis geriet, wurde Friedrichs Sohn 1534 doch zum König Christian III. von Dänemark gewählt. Unter ihm wurde die Reformation kaum zwanzig Jahre nach ihrem Beginn vollendet. Im Jahr 1537 wurde nach gründlicher Beratung in seinem Namen mit Zustimmung der Landstände eine neue Kirchenordnung für das Herzogtum beschlossen und 1539 für das Königreich verkündet. Darauf aufbauend, weil die Kirche die Aufsicht über das Schulwesen hatte, gab es 1544 eine Schulordnung, die übrigens auch für Mädchen galt. Wie die Reformation in Schleswig-Holstein insgesamt vergleichsweise gewaltfrei verlief, so ging man auch mit den Klöstern rücksichtsvoll um. Sie wurden in Schulen, Hospitäler, Armenhäuser oder Unterkünfte für unverheiratete Töchter des Adels verwandelt, was sie z.B. in Preetz und Schleswig heute noch sind, oder man ließ sie weiter bestehen, bis der Abt oder der letzte Mönch starb. Mit der Reformation bekam statt des Lateinischen die deutsche Sprache über den Kirchengebrauch ein stärkeres Gewicht. So sind in der Schlosskirche von Sønderborg, die Christians III. Witwe Dorothea 1568–70 errichten ließ, die Bibelzitate alle in Plattdeutsch gehalten. Unter einem Wappen heißt es dort übrigens: „Christian III., von Gottes Gnaden König zu Dänemark, Norwegen, der Wenden und Goten, Herzog zu Schleswig, Holstein, Stormarn und der Dithmarschen, Graf zu Oldenburg und Delmenhorst". Diese Titulatur hat sich, nur wenig verändert, bis heute bei der dänischen Königin erhalten. Über die evangelischen Druckschriften und die ihnen folgende Kirchensprache verdrängte das Hochdeutsche immer mehr das Plattdeutsche. Seit 1560 wurden Regierungs-

Schlosskapelle in Sønderborg (Foto: Museum im Sonderburger Schloss)

Herzog Adolf von Schleswig-Holstein-Gottorf, 1586, von einem unbekannten Maler (Foto: S-H Landesmuseen Schloss Gottorf)

erlasse nur in Hochdeutsch veröffentlicht, und ab 1600 wurde es immer mehr zur Gerichtssprache.

Christian III. machte 1544 seine beiden wesentlich jüngeren Brüder Johann und Adolf zu Mit-Herzögen von Schleswig. Das Herzogtum Holstein dagegen war reichsunmittelbar. Der Kaiser belehnte aber 1548 die drei Brüder auch damit. Adolf war europaweit als Heerführer tätig, begründete das Haus Gottorf und kümmerte sich um die Landesentwicklung, indem er z.B. einen Koog anlegte und den Fluss Treene eindeichte. Deswegen, aber auch weil er die Dithmarscher unterwarf, schätzen ihn die Friesen besonders. Zudem entwickelte er einen Plan für einen Kanal zwischen Nord- und Ostsee.

Die Verwaltung wurde modernisiert, indem zwar bürgerliche, dafür aber fachlich vorgebildete, zumeist studierte Personen mit der Leitung von Behörden betraut wurden. Am Ende seiner Regierung hinterließ er seinen Nachfolgern ein Land, das doppelt so groß war wie 1544.

Schloss Gottorf, Inneres des herzoglichen Betstuhls der Schlosskirche, nach 1610 (Foto: S-H Landesmuseen Schloss Gottorf)

Christian IV., König von Dänemark, Gemälde von Jacob van Doordt (Foto: S-H Landesmuseen Schloss Gottorf)

Um den Streit zwischen König und Herzog über die territorialen Verhältnisse in Schleswig-Holstein zu klären, wurde am 19.9.1581 in Flensburg ein Abkommen geschlossen. Dabei wurden die einzelnen Ämter entweder dem königlichen oder dem herzoglichen Teil zugewiesen. Zugleich wurden die Aufgaben festgelegt, die gemeinsam erledigt werden sollten. Bei der Teilung wurde auf die herkömmliche Unterscheidung von Schleswig und Holstein keine Rücksicht genommen; denn es ging weniger um staatsrechtliche Fragen als um angemessene Verteilung der Einkünfte auf die Landesherren. Der herzogliche Teil wurde von der Gottorfer Linie des Hauses Oldenburg von Schleswig aus regiert, der königliche von der königlichen Linie zuerst von Kopenhagen, dann von Flensburg und schließlich von Glückstadt aus. Die alte Einteilung in die Herzogtümer Schleswig und Holstein war damit faktisch aufgehoben. Diese Regelung bestand bis 1721, aber Streitigkeiten hat sie nicht nachhaltig ausgeschlossen.

Nach Adolfs I. Tod 1586 und einem kurzen Zwischenspiel seiner zwei älteren, aber früh gestorbenen Brüder übernahm Johann Adolf (1590–1616) zusammen mit Christian IV. von Dänemark (1588–1648) das Regiment über Schleswig-Holstein. Beide regierten in Eintracht zum Vorteil des Landes. Johann Adolf förderte nicht nur den Deichbau, sondern richtete auch in Gottorf eine vorbildliche Bibliothek ein. Christian IV. gilt noch heute in Dänemark als der wohl bedeutendste Bauherr. In Holstein zog er vor allem weitblickende Konsequenzen aus den Tatsachen, dass sich der Seehandel immer mehr von der Ost- in die Nordsee verlagerte und dass Hamburg sich immer mehr verselbstständigte und nach Reichsunmittelbarkeit strebte. Er gründete daher Glückstadt als Konkurrenz zu Hamburg. Der Ort bewährte sich als Festung, nicht aber als Hafenstadt. An der Ostsee hatte Flensburg mit seinen 6.000 Einwohnern um 1600 Lübeck den Rang als bedeutendster Ostseehafen abgenommen. Es hatte damals etwa 200 Schiffe, deren Zahl sich aber – nicht zuletzt als Folge des Dreißigjährigen Krieges – bis 1677 auf nur 20 verringerte, um aber schon 1820 wieder 185 zu erreichen.

Johann Adolfs Nachfolger wurde Friedrich III. (regierte 1616–1659), der die einträchtige Zusammenarbeit mit Christian IV. fortsetzte. Er ist wohl der bedeutendste Gottorfer gewesen. In den fanatischen Zeiten des Dreißigjährigen Krieges war er ein Beispiel für Toleranz. Er nahm in Holland 1619 verbotene und vertriebene Remonstranten auf, die aber lange über die Bedingungen verhandelten, und gründete 1621 Friedrichstadt, das noch heute ein ganz und gar holländisches Gepräge hat und mit etwa 150 Gemeindemitgliedern die einzige Remonstrantenkirche außerhalb der Niederlande.

Markus Gualtherus, Rektor der Lateinschule in Friedrichstadt, veröffentliche 1635 eine Sammlung des Schleswiger Rechts in Niederländisch. Die Religionsfreiheit wurde auch vielen anderen Gruppen gewährt, nicht zuletzt weil die Remonstranten die Freiheit für alle Konfessionen zur Bedingung ihrer Einwanderung gemacht hatten. Sie galt daher u.a. für die Lutheraner, Mennoniten, Juden, Quäker und schwedischen Separatisten. Ein weiteres Freiheitsedikt von König und Herzog war 1615 die Aufhebung des Zunftzwanges und damit praktisch die Einführung der Gewerbefreiheit. Dadurch stieg die Zahl der Handwerker, aber die Qualität der Waren sank, so dass 1623 die alten Zustände wieder eingeführt wurden.

Im Dreißigjährigen Krieg standen Christian IV. und Friedrich III. selbstverständlich beide auf der protestantischen Seite. Aber Grenzstreitigkeiten, Erbauseinandersetzungen und besonders die Kriegspolitik entzweiten die beiden, so dass sie zunehmend ohne Abstimmung mit dem anderen handelten. Die protestantischen Truppen in Norddeutschland unter dem Oberbefehl Christians IV. verloren aber immer wieder gegen die Kaiserlichen unter Wallenstein und Tilly, die im Sommer 1627 die Elbe überschritten und das ganze Land überrannten. Sie hausten fürchterlich in den besetzten Gebieten, aber auch die königlichen bzw. herzoglichen Truppen waren überall gefürchtet; denn beide bestanden zum größten Teil aus Haufen von Söldnern aus aller Herren Ländern, deren höchstes Ziel darin lag, durch den Kriegsdienst reich zu werden. Ihr jeweiliger Kriegsherr konnte um so mehr Soldaten rekrutieren, je mehr er sie von den besetzten Landen nicht nur beherbergen, beköstigen und bezahlen (!) ließ, sondern ihnen auch erlaubte, sich dort durch Plünderungen zu bereichern. Selbst wenn der Oberbefehlshaber Schonung befahl, wie Wallenstein im Falle Holsteins, das Friedrich III. neutralisieren wollte, wodurch er sich natürlich Christian IV. zum Gegner machte, wurde auf unterer Ebene, „an der Front“, der Befehl nicht immer befolgt; der Oberbefehlshaber konnte kaum etwas dagegen unternehmen, wenn er nicht riskieren wollte, dass die ganze Mannschaft einfach den Dienst quittierte oder gar zur Gegenseite überlief. Nur die Festung Glückstadt hielt sich, bis im Mai 1629 in Lübeck Frieden geschlossen wurde. Wegen ihrer territorialen Zersplitterung war eine erfolgreiche Verteidigung der ganzen Herzogtümer ohnehin niemals möglich.

Herzog Friedrich III. von Schleswig-Holstein-Gottorf, ein Julius Strachen zugeschriebenes Gemälde (Foto: S-H Landesmuseen Schloss Gottorf)

Das Land hatte nun vierzehn Jahre Frieden vor sich, aber nicht vierzehn Jahre glücklichen Wiederaufbaus. In einer großen Sturmflut 1634 ertranken allein auf Nordstrand über 6.000 Menschen, d.h. mehr als zwei Drittel der Bewohner. Auch an der übrigen Nordseeküste gab es Tausende von Toten, insgesamt etwa 15.000; der größte Teil des Viehs wurde ertränkt, die meisten Häuser zerstört und der Ackerboden versalzen. Zudem wüteten vielerlei Epidemien, von denen besonders Pest und Ruhr reihenweise Tote forderten. In dieser Zeit wurden viele Totengilden gegründet, gewissermaßen Versicherungsvereine auf Gegenseitigkeit, die verstorbenen Mitgliedern die Bestattung garantierten. Im Schleswigschen wurden sie oft Beliebung genannt, weil sie ihre Gildensatzung selbstständig, „nach Belieben", aufgestellt hatten. Die Holmer Beliebung, eine Schleswiger Gilde von 1629, gewann 2008 vor Gericht, wo ihr ein Anwohner das hergebrachte Recht bestreiten wollte, ihren einmal jährlich neu gewählten Ältermann, d.h. Vorsitzenden, nächtens mit Musik heimgeleiten zu dürfen. Auch die ursprünglich zur Förderung der Wehrhaftigkeit gegründeten Schützengilden wurden in dieser Zeit oft zu Brand- oder Totengilden.

Großer Königsschild der Plöner Schützengilde (Foto: Museum des Kreises Plön)

In ihrer Wirtschaftspolitik verfolgten beide Herrscher sehr ehrgeizige Ziele. Christian IV. wollte sein Glückstadt gegen Hamburg ins Feld führen, baute also den Hafen aus und stationierte eine starke Flotte, die auf der Unterelbe Zölle von nach und von Hamburg fahrenden Schiffen verlangte. Selbst als der Kaiser am 26.4.1641 Hamburg für reichsunmittelbar erklärte, also als gleichrangig zu Holstein, kümmerte das den König nicht. Obwohl Glückstadt sehr erfolgreiche Garnison und zeitweise auch Sitz der Regierung für Holstein war, konnte es wirtschaftlich nicht neben Hamburg wachsen.

Ähnlich vermessen waren Friedrichs III. Pläne für Friedrichstadt, das er zu einem Gewürz- und Tuchhandelszentrum, insbesondere für Seide, ausbauen wollte. Dazu schickte er nach gründlichen Vorbereitungen im Februar 1636 eine Delegation von 92 Kaufleuten, Beamten und anderen wichtigen Leuten über Reval und Moskau an den Hof des persischen Schahs in Isfahan, wo sie im Juli 1637 eintraf. Sie wurde mit allen Ehrbezeugungen empfangen, im Dezember sogar vom Schah, und führte viele Gespräche. Am 1.8.1639 war die Delegation wieder in Gottorf. In Kiel hatte man unterdessen die sog. Persianischen Häuser am Markt gebaut, die die über die Ostsee kommenden Lieferungen aufnehmen sollten, bevor sie nach Friedrichstadt weitergeleitet werden sollten. Auch persische Gesandte waren mit der Delegation gekommen, die der Herzog am 11. August, ebenfalls mit allen Ehrenbezeugungen, empfing. Und dann hörte und sah man nichts mehr von dem Unternehmen.

Aber der Krieg kehrte zurück nach Schleswig-Holstein. Inzwischen hatte Schweden im Dreißigjährigen Krieg eine führende Rolle auf der protestantischen Seite eingenommen. Es ging aber längst nicht mehr nur um die hehre Religion, sondern man wollte auch seinen Machtbereich erweitern. Das musste Christian IV. in Gegnerschaft zu Schweden bringen. Da schwedische Truppen in Böhmen standen und nun gen Dänemark vorstoßen wollten, war Schleswig-Holstein unvermeidlich Aufmarsch-, wenn nicht gar Kampfgebiet. Der Herzog erkaufte sich mit Geld die Neutralität, was aber nur bedeutete, dass sich die Heere der beiden Könige auf schleswig-holsteinischem Boden bekämpfen konnten, ohne von einheimischen Truppen gestört zu werden. Besonders Holstein hatte darunter zu leiden. Der dänisch-schwedische Krieg endete 1645, und Christian IV., trotz allem Ungemach, das das Land am Ende unter ihm erleiden musste, einer der größten dänischen Könige, hinterließ bei seinem Tod am 28.2.1648 ein ziemlich geschlagenes Dänemark und Herzogtum, bevor am 24.10.1648 auch der Dreißigjährige Krieg insgesamt endete.

In Dänemark herrschte nun ein Friedrich III. als König und in Schleswig und Holstein ein ganz anderer Friedrich III. als Herzog, derselbe, der schon Zeitgenosse und „Kollege" Christians IV. gewesen war. Der königliche Friedrich wollte wie sein Vorgänger den herzoglichen Friedrich nicht als gleichberechtigt anerkennen, sondern die Oberhoheit über Schleswig und Holstein gewinnen. Herzog Friedrich suchte deshalb die Unterstützung Schwedens, verheiratete sogar eine seiner Töchter mit dem späteren König Karl X. Gustav von Schweden. Als Dänemark und Schweden 1657/58 wieder Krieg führten, geriet Herzog Friedrich III. in eine Zwickmühle. Als Lehnsmann des dänischen Königs konnte er nicht gegen ihn kämpfen, als Schwiegervater des schwedischen Königs war er diesem verbunden. So wurde das Land wieder einmal von beiden Heeren verwüstet. Die Schweden siegten und belohnten Herzog Friedrich mit der Aufhebung der Lehnsherrschaft des dänischen Königs über das Herzogtum Schleswig.

Dazwischen schaffte es Friedrich III. noch, Schleswig zu einem beachteten Zentrum von Wissenschaft, Musik und bildender Kunst auszubauen. Er stellte den Gelehrten Adam Olearius ein, der Sammlungen, u.a. von Gemälden und Münzen, anlegte, bedeutende Bücher veröffentlichte und den weltberühmten, nach St. Petersburg gebrachten und 2005 wieder rekonstruierten begehbaren Globus baute sowie den Reisebericht über die „Wirtschaftsdelegation" nach Persien verfasste, an der er als Sekretär teilgenommen hatte.

König Karl X. Gustav war aber mit dem Frieden nicht zufrieden und brach einen neuen Krieg vom Zaun, mit dem er Dänemark ganz unterwerfen wollte. Der dänische König hatte dieses Mal aber Brandenburg, Österreich, Polen und Holland an seiner Seite. In den Herzogtümern standen noch schwedische Truppen, die Dänemark von Süden angreifen sollten, so dass es sich ergab, dass Schleswig-Holstein von 1658 bis 1660 wieder Kriegsschauplatz war. Herzog Friedrich III. starb 1659, und 1660 wurde der Kopenhagener Frieden geschlossen. Das Land war durch das Wüten der Soldaten großenteils zerstört, verbrannt und entvölkert, durch die Störung von Landwirtschaft, Handwerk und Handel verarmt, bei Einquartierung und Vergewaltigung mit Krankheiten überzogen, in Werten und Verhalten verwildert, insgesamt sehr rückentwickelt. Aber es gab auch Zeichen wirtschaftlichen Aufstiegs. Altona wurde 1664 Freihafen und war schon bald zweitwichtigste Hafenstadt im dänischen Bereich. Um 1800 hatten 75 Reedereien ihren Sitz in der Stadt, die 249 Seeschiffe laufen hatten.

König Friedrich III. von Dänemark: Gemälde auf dem Flensburger Museumsberg (Foto: Museum)

Nachfolger Friedrichs III. wurde der 19-jährige Herzog Christian Albrecht. Er war gewissermaßen der „Nachkriegsherzog". Zu seinen größeren Projekten gehörte die schon von seinem Vater geplante Gründung einer Universität in Kiel mit einer interessanten Mischfinanzierung: Der Herzog zahlte die Professorengehälter, Kiel stellte die Räume in einem ehemaligen Franziskanerkloster zur Verfügung, die Bibliothek wurde aus der ehem. Fürstenschule, davor Kloster, in Bordesholm, zwei Kirchen und dem Gottorfer Schloss zusammengestellt, und in die übrigen Kosten teilten sich mehrere heutige Landkreise, die u.a. auch Freitische für bedürftige Studenten finanzierten. Vom 3. bis 5.10.1665 fanden die Einweihungsfeierlichkeiten statt. Unter dem Motto „pax optima rerum" (der Frieden ist das höchste aller Güter) begannen vier Fakultäten mit zusammen 17 Professoren ihre Arbeit an zunächst 140 (!) Studenten. An letzteren hatten Durchlaucht nicht nur Freude. So musste Christian Albrecht schon am 16.10.1667 eine Lustgartenordnung erlassen, worin er in Sonderheit die „Studiosi" erwähnte, welche „beräuscht in den Garten gelassen werden"; ähnlich geschah es in einem Edikt Christians VIII. von 12.5.1800 über den Schlossgarten in Kiel. Die juristische Fakultät hingegen machte sich gleich nützlich, indem sie schon 1666 urteilte, dass von 17 wegen Hexerei Angeklagten sechs durch Köpfen und elf durch Erhängen hinzurichten seien.

Thema: Universitäten und Hochschulen

Die Geschichte der akademischen Bildung in Schleswig-Holstein war über Jahrhunderte hinweg die Geschichte der Universität Kiel.

Die **Universität Kiel** hatte schon hundert Jahre vorher eine Art Vorgänger im Paedagogium publicum in Schleswig. Die Reformation, nach der die Pfarrer studiert haben mussten, und die immer höheren Ansprüche der Landesverwaltung, die bald ein Jurastudium nützlicher erscheinen ließen als einen Adelstitel, verlangten bald nach einer richtigen Universität. Deshalb planten König Christian IV. und Herzog Friedrich III. die Errichtung einer Universität für beide Herzogtümer, damit deren Studierwillige nicht weiter ins Ausland gehen mussten, vornehmlich nach Wittenberg oder Rostock, von wo sie manchmal nicht ins Land zurückkehrten.

Wegen des Dreißigjährigen Krieges konnte erst Herzog Christian Albrecht, Nachfolger seines Vaters Friedrich III., den Plan verwirklichen. Auf Grund eines kaiserlichen Privilegs von 1662 wurde 1665 die Universität mit den vier klassischen Fakultäten und je einem Hörsaal im ehemaligen Franziskanerkloster beim Alten Markt eröffnet. Die Christian-Albrechts-Universität, stets deutschsprachig, war nach Kopenhagen die zweite Universität im dänischen Gesamtstaat (die Universität Århus wurde erst 1928 gegründet).

Die Universität expandierte nur langsam. Ihren 100. Gründungstag konnte sie nicht feiern, weil sie zu verfallen war. Während der schleswig-holsteinischen Erhebung jedoch waren ihre Professoren in der Freiheitsbewegung weit „überrepräsentiert" (u.a. die Juristen Falck, Herrmann und Christiansen, die Historiker Dahlmann, Droysen und Waitz, die Nationalökonomen v. Stein und Ravit sowie die Mediziner Hegewisch und Pfaff). Viele bekannte Gelehrte waren in Kiel tätig, so die Mediziner Johann von Esmarch und Hans Georg Creutzfeldt, der Rechtswissenschaftler Gustav Radbruch, der Wirtschaftswissenschaftler Bernhard Harms und der Soziologe Ferdinand Tönnies, manchen von ihnen aber nur wenige Jahre. Drei Kieler Professoren erhielten den Nobelpreis, nämlich der Physiker Lenard (der allerdings später als Wissenschaftler „entartete" – um diese Vokabel aus seiner Ideologie einmal auf ihn anzuwenden – indem er 1936/37 eine mehrbändige „Deutsche Physik" verfasste, mit der er sich gegen die „jüdische Physik" wandte), der Mediziner Meyerhof und der Chemiker Diels. Ebenfalls zeitweise an der

Universität Kiel tätig waren die Nobelpreisträger Alder, Buchner und Planck.

Im Jahr 1914 zählte die Universität 2.600 Studierende auf einem Gelände, auf dem sich heute noch die Kliniken befinden. Die Universität wurde schnell nationalsozialistisch; 57 Wissenschaftler wurden aus rassistischen oder politischen Gründen entfernt. Die meisten Gebäude wurden im 2. Weltkrieg so zerstört, dass der Betrieb 1944 zum Erliegen kam. Schon 1945 begann man wieder, wobei Dozenten und Studenten Bauarbeit leisten und für Vorlesungen Sitzgelegenheiten und Brennmaterial mitbringen mussten. Das Zentrum der Universität zog in ein ehemaliges Fabrikgelände am Stadtrand, wo es sich bis heute um ein Vielfaches vergrößert hat. 1965 hatte sie 7.100 Studierende, und heute sind es über 22.000 in acht Fakultäten und über 60 Studiengängen. Im Vergleich zu anderen Universitäten hat sie damit einen sehr breit gefächerten Tätigkeitsbereich.

Vergleichsweise reichhaltig ist auch ihr Kulturangebot für die Öffentlichkeit. Zur Universität gehören u.a. die **Kunsthalle Kiel**, Düsternbrooker Weg 1, Tel. 0431/8805756, mit über 1.000 Gemälden und 30.000 Grafiken, die z.T. landesgeschichtlichen Bezug haben; **Alter Botanischer Garten**, Düsternbrooker Weg 17–27, im Stil eines englischen Landschaftsgartens, ganzjährig frei zugänglich; **Neuer Botanischer Garten**, Am Botanischen Garten 2, im Universitätsgelände an der Olshausenstraße, Tel. 0431/8804275, mit etwa 15.000 Pflanzenarten, angepflanzt nach Kontinenten und Landschaftstypen; **Medizin- und Pharmaziehistorische Sammlung**, Brunswiker Str. 2, schräg hinter der Kunsthalle, Tel. 0431/8805721, mit etwa 1.000 Exponaten zur Medizin- und Pharmaziegeschichte vom 1. bis 20. Jahrhundert; **Aquarium beim Institut für Meereskunde**, Düsternbrooker Weg 20, Tel. 0431/5973857, u.a. mit Fischen der Nord- und Ostsee und einem Seehundsbecken. Indirekt zur Universität gehören noch die jetzt in einer Stiftung untergebrachten Landesmuseen in Schleswig.

Die **Universität Flensburg** ist 2000 aus der 1946 gegründeten Pädagogischen Hochschule entstanden; ein Zwischengebilde führte seit 1994 die Bezeichnung Bildungswissenschaftliche Hochschule Flensburg – Universität. Neben der Ausbildung von Grund-, Haupt-, Real- und Sonderschullehrern gibt es Studiengänge für International Management, Kultur- und Sprachmittler, European Studies, Energie- und Umweltmanagement. Auf dem neuen Campus im Südwesten der Stadt gibt es z.Z. etwa 4.200 Studierende, nachdem es 2000 noch 2.600 waren.

Die **Universität Lübeck** hat ihre Studierendenzahl von 2000 mit 2.100 bis 2009 auf 2.500 erhöht. Sie betreibt die Studiengänge Humanmedizin, Molecular Life Science, Computational Life Science, Medizinische Ingenieurwissenschaft und Informatik. Im Jahr 1964 wurde sie als Medizinische Akademie gegründet, die die Universität Kiel in der klinischen Ausbildung unterstützen sollte. 1973 wurde sie eine selbstständige Medizinische Hochschule und 2002 Universität. Die weiter bestehenden Universitätskliniken in Lübeck und Kiel wurden 2003 unter der organisatorischen Superstruktur Universitätsklinikum Schleswig-Holstein zusammengefasst, um Sparwirkungen zu erzielen.

Die **Musikhochschule Lübeck** wurde 1973 auf den Fundamenten von Vorgängereinrichtungen gegründet und residiert in eindrucksvollen historischen Gebäuden am Rande der Altstadt am Traveufer. Berühmte Professoren unterrichten nicht nur, sondern sind auch wichtige Träger des Musiklebens im Lande, nicht zuletzt beim Schleswig-Holstein Musik-Festival, das jedes Jahr im Juli/August stattfindet. Die Hochschule ist der größte Konzertveranstalter im Lande. Sie hat z.Z. etwa 480 Studierende.

Staatliche Fachhochschulen existieren in Flensburg mit über 3.000 Studierenden, Kiel mit rund 5.300 Studierenden, Heide (FH Westküste) mit über 1.000 Studierenden und Lübeck mit über 4.000 Studierenden. An ihnen gibt es manch ungewöhnliche Studiengänge wie Schiffbau und Multimedia in Kiel oder International Tourism in Heide.

Daneben gibt es noch **private Fachhochschulen** in Elmshorn, Pinneberg und Wedel mit zusammen etwa 3.000 Studierenden.

Politisch betrieb Christian Albrecht zuerst vor allem die Aussöhnung mit Dänemark. Das war so erfolgreich, dass König Friedrich III. ihn zu seinem Schwiegersohn machte. Nach Friedrichs Tod folgte ihm 1670 sein Sohn Christian V.. Zwischen den beiden Schwägern entstand bald wieder Zwietracht wegen Erbfragen und Bündnispolitik. Der König nahm den Herzog hinterhältig gefangen und diktierte ihm den sog. Rendsburger Vergleich. Darin verpflichtete sich u.a. der Herzog zur Anerkennung der Lehnshoheit des Königs über das Herzogtum Schleswig, zum Beistand im Kriegsfalle und zu allerlei Zahlungen. Der Herzog floh nach Hamburg ins Asyl und widerrief seine Unterschrift unter das Rendsburger Dokument. Der König besetzte Schleswig, vertrieb seine Schwester aus Schloss Gottorf, vereinigte den herzoglichen mit dem königlichen Teil Schleswigs und ließ sich von allen Ständen die Treue schwören. Der Kaiser aber drängte im Bunde mit Schweden, England, Holland und anderen Mächten Christian V. zum Nachgeben. Im Juni 1689 erreichten sie den Altonaer Vergleich, durch den Christian Albrecht in seine alten Rechte wieder eingesetzt wurde und nach 14 Jahren Exil in seine Heimat zurückkehren konnte. Dort starb er völlig erschöpft schon 1694. Eine große Aufbauarbeit hatte er unter diesen Umständen nicht leisten können.

Herzog Friedrich IV. von Schleswig-Holstein-Gottorf, um 1700, gemalt von David von Krafft (Foto: S-H Landesmuseen Schloss Gottorf)

Thronfolger Friedrich IV. war Christian Albrechts Sohn. Er steckte voller Hass auf Dänemark und verbündete sich deshalb mit seinem Schwager, Schwedenkönig Karl XII., der ebenfalls recht kriegslustig war. Schneller war aber der neue dänische König Friedrich IV., der Holstein überfiel, Gottorf besetzte, sich dann aber Schweden, England und Holland gegenübersah und zum Frieden gezwungen wurde. Darin musste er die Souveränität des Herzogs Friedrich anerkennen und Reparationen zahlen. Herzog Friedrich IV. folgte seinem Schwager zu einem Feldzug nach Polen, wo er 1702 fiel. Er hinterließ einen erst zweijährigen Thronerben, dessen Vormünder, die Mutter und der Onkel, Bischof von Lübeck, ihren Ämtern nicht gerecht wurden, so dass die Minister nach Gutdünken schalten und walten konnten, wobei der Minister Baron von Görtz eine sehr erbärmliche Rolle spielte. Inzwischen fielen aber Dänemark und Schweden übereinander her, wobei Holstein Neutralität zu wahren suchte. Eine schwedische Armee unter General Stenbock marschierte aber ein, brannte in Altona mitten im Winter mehr als die Hälfte aller Häuser nieder und erpresste in den anderen Städten hohe Geldbeträge. Als dänische, russische und sächsische Truppen die Schweden in die Enge trieben, gaben die Holsteiner vor, diesen in der Festung Tönning Unterschlupf zu gewähren, wo sie dann überwältigt und nach Kopenhagen in Gefangenschaft geführt wurden, in der Stenbock starb.

In dieser Situation witterte König Friedrich IV. eine Gelegenheit, das Herzogtum Schleswig voll und ganz in das Königreich zu integrieren. In dem Eid, den die Stände 1721 bei der Huldigung gegenüber dem König schworen, sind die Formulierungen zwar feierlich, aber so verschwommen, dass Jahrzehnte historischen Streits darüber folgten, ob dabei nun Schleswig selbstständig geblieben oder in das Königreich eingegliedert worden sei.

Inzwischen war Karl Friedrich, der Sohn des Herzogs Friedrich IV., erwachsen und erhob Anspruch auf Holstein, das ihm König Friedrich IV. auch zurückgab, allerdings erst auf mit Gewaltandrohung versehenen Befehl des Kaisers. Der junge Herzog nahm seine Residenz in Kiel, während Gottorf langsam verfiel. Er wollte aber auch die Herrschaft über das Herzogtum Schleswig wiedererlangen und begab sich dazu für sechs Jahre an den Zarenhof nach St. Petersburg, wo Peter der Große und nach dessen Tod Katharina I. ihn unterstützten, sogar dadurch, dass sie ihre Tochter Anna Petrowna dem Herzog zur Frau gaben, die aber kurz nach der Geburt ihres Sohnes Karl Peter Ulrich 1728 starb. Als dieser erst elf Jahre alt war, starb sein Vater, so dass wieder ein vormundschaftliches Regiment geführt werden musste. In Russland war unterdessen Karl Peter Ulrichs Tante Zarin geworden, und sie holte den jungen Prinzen nach St. Petersburg, wo er zum Großfürsten und Thronfolger ernannt wurde. Kurz vorher wurde er aber auch in Schweden zum König gewählt. Das alles ließ König Friedrich IV. um Schleswig fürchten, obwohl die korrupte und zerstrittene Vormundschaftsregierung in Kiel alles andere als eine Empfehlung für eine Personalunion war, zumal der Herzog nun als Peter III. russischer Zar geworden war. Er wurde aber bald gestürzt und ermordet, und seine Frau, eine geborene Prinzessin von Anhalt-Zerbst, bestieg als Katharina II., später die Große genannt, den Zarenthron. Sie gewährte Kaspar von Saldern, der schon Peter III. über die Zustände in seinem Herzogtum unterrichtet hatte, ihre Unterstützung und machte ihn zum leitenden Mitglied der vormundschaftlichen Regierung für den unmündigen Paul Petrowitsch, den Anwärter auf den Herzogsthron. In dieser Eigenschaft hat Saldern eine nutzenreiche Tätigkeit entfaltet, vor allem für die Bauern. Aber er wurde auch in den Besitzstreitigkeiten in Schleswig-Holstein aktiv. Im Namen der Zarin Katharina II. und des Großfürsten Paul Petrowitsch verzichtete er auf den herzoglichen Anteil an Schleswig und den großfürstlichen Anteil an Holstein im Tausch gegen die Grafschaften Oldenburg und Delmenhorst in einem Vertrag vom 22.4.1767, geschlossen zu Kopenhagen. In einem Vertrag vom 27.5.1768 wurde die Reichsunmittelbarkeit von Hamburg auch von Holstein endgültig anerkannt. Damit wurde der lange Streit zwischen König und Herzog, die doch beide dem Hause Oldenburg angehörten, beendet; der dänische König Christian VII. war nun auch Herzog von Schleswig und Holstein und regierte von der Königsau bis zur Elbe. Kaspar von Saldern wurde von ihm in den Grafenstand erhoben. Landgraf Carl von Hessen, der 1766 eine dänische Königstochter geheiratet hatte, wurde 1768 im Alter von 24 Jahren Statthalter in Schleswig-Holstein.

Die Mitte des 18. Jahrhunderts war in Dänemark und den Herzogtümern überwiegend eine Zeit vorteilhafter Entwicklung. Ein Beispiel: In Schleswig-Holstein wurden in den 16 Jahren ab 1755 sechs Fayencerien gegründet, die als Zeichen von Wohlstand gelten können. Schon König Friedrich IV. hatte viel für die Verbreitung der Bildung durch Aufbau des Schulwesens getan. Das setzte sein Nachfolger Christian VI., eigentlich ein frömmelnder, strenger Mann, fort, indem er während seiner gesamten Regierungszeit (1730–1746) keinen Krieg führte, wahrhaft selten bei seinesgleichen. Sein Nachfolger Friedrich V. (regierte 1746–1766) war ein fröhlicher, kunstsinniger, aber auch mehr als trinkfreudiger Mann, der tüchtige Verwaltungsleute zu Ministern machte, so Graf Schulin, Johann Hartwig Ernst Graf Bernstorff und Graf von Moltke. Sie modernisierten die Verwaltung, u.a. dadurch, dass sie geradezu biblische Zustände (vgl. die Steuereinnehmer dort) abschafften; so hatte der dänische König bis zur Mitte des 18. Jahrhunderts das Zollrecht in Flensburg an die Bürgerschaft verpachtet. Friedrichs V. Sohn und Nachfolger Christian VII. kam schon mit 17 Jahren an die Regierung, die er von 1766 bis 1808 ausübte. Da er immer stärker an Geisteskrankheit litt, machte er seinen Leibarzt Johann Friedrich Struensee aus Altona zu seinem Vertrauten in Regierungsangelegenheiten. Als dieser auch noch die ganz persönliche Gunst der intelligenten und tatkräftigen Königin, zwei Jahre jünger als der König, erringen konnte, gelang es ihm, Minister Bernstorff zu entmachten und sich selbst faktisch zum Vertreter des Königs aufzuschwingen. Diesen ließ er innerhalb von nur einem guten Jahr eine Flut von Kabinettsbefehlen unterschreiben, die viele gut gemeinte Reformen zum Gegenstand hatten: Finanz- und Justizreformen, Abschaffung der Folter, Aufhebung der Leibeigenschaft, Pressefreiheit, Steuerermäßigungen, Verbesserung des Gesundheitswesens und Verringerung des Militärs. So fortschrittlich das insgesamt war, so sehr verletzte es aber im Einzelfall die Interessen irgendeiner Gruppe des dänischen Adels, der Geistlichkeit oder der Bürger. Er machte aber alles ohne Abstimmung mit anderen, und er ließ alles nur in Deutsch veröffentlichen. Vom König wurde er zum Grafen gemacht und mit geradezu diktatorischen Vollmachten ausgestattet. Das musste Widerstand hervorrufen. Am Hofe bildete sich eine Verschwörergruppe mit der Stiefmutter des Königs, die Struensee und die Königin gefangennahm, ihn Ende April 1772 hinrichtete und sie ins Exil schickte. Nach außen regierte Christian VII. weiter, aber gelenkt von den Ministern und der Stiefmutter.

Im Volk gab es erste Regungen von Nationalismus. Man wollte Dänemark, Norwegen, Schleswig und Holstein gern als eine Nation sehen und begrüßte ein Gesetz, nach dem nur dort Geborene Staats- und Kirchenämter übernehmen durften, aber eben auch in diesem gesamten Raum. Das war ein Verstoß gegen den Vertrag von Ripen von 1460, der in den Herzogtümern nur dortige Landeskinder als Beamte zuließ. Christians VII. Sohn Friedrich übernahm als Kronprinz immer mehr Regierungsgeschäfte. In diese Zeit fällt auch der Versuch, mit Hilfe von zumeist süddeutschen Kolonisten Heiden und Moore auf der Kimbrischen Halbinsel landwirtschaftlich nutzbar zu machen; manche Ortsnamen zeugen noch heute davon, wie z.B. Christiansfeld, Friedrichsholm, Prinzenmoor oder Königsheide. Mangels Vorbereitung im Siedlungsgebiet oder mangels Eignung vieler Angeworbener war der Erfolg nur mäßig. Immerhin wurde dadurch der Kartoffelanbau verbreitet. Wichtiger aber waren die Befreiung der Bauern von der Leibeigenschaft, die Aufsiedlung vieler der rund 250 großen Güter, deren Fläche fast ein Viertel des Landes umfasste, und dadurch die Steigerung der Agrarproduktion und vor allem die Verbesserung des sozialen Klimas. Die Gutsherren, die ihre Position teils durch Kauf von Bauernhöfen, teils durch Erpressung oder Betrug der Bauern erworben hatten und die zumeist auch die Gerichtshoheit und die Polizeigewalt hatten, konnten mit ihren schollengebundenen Bauern praktisch straflos nach Lust und Laune verfahren. Sie wurden nicht nur physisch und finanziell ausgebeutet, sondern auch körperlich misshandelt. Das Ergebnis waren dumpfe, antriebslose, unselbstständige Untertanen. Das Vorbild der Reform dieses Zustands, der erst 1614 auf dem Haderslebener Landtag in eine eigene Rechtsform gegossen worden war, war Graf Hans Rantzau, der 1739 auf seinem Gut Ascheberg am Großen Plöner See mit der Bauernbefreiung begann. Gegen starken Widerstand eines Teils der Ritterschaft, aber mit Zustimmung eines anderen Teils machte Minister von Bernstorff sie zu einem allgemeinen Vorhaben, das in einem am 20.6.1788 beschlossenen Gesetz zur Aufhebung der Leibeigenschaft seinen Höhepunkt fand. Es dauerte aber noch fast zwei Jahrzehnte, bis die Umsetzung vollendet war. Auch das Geistesleben war gegen Ende des 18. Jahrhunderts in Schleswig-Holstein sehr lebendig; neben Kiel waren Eutin und Gut Emkendorf nahe Rendsburg bekannte Orte dafür. In dieser Zeit tauchte in Druckschriften und in der Bezeichnung von Vereinigungen immer häufiger „Schleswig-Holstein" auf.

Als im Zusammenhang mit den Napoleonischen Kriegen das Heilige Römische Reich deutscher Nation 1806 aufgelöst wurde, war damit auch Holsteins Sonderstellung innerhalb des dänischen Herrschaftsbereichs beeinträchtigt. Kronprinz Friedrich, der sich jetzt Frederik nannte, machte sich nun an die Verwirklichung seines schon länger gehegten Wunsches, Holstein zu einem integralen Bestandteil Dänemarks zu machen. Nicht zuletzt aber wegen befürchteter Erbnachteile im Hause Sonderburg-Augustenburg wurde das Vorhaben weitgehend fallengelassen.

Von den internationalen Wirren der Napoleonzeit blieb auch Schleswig-Holstein nicht unberührt. Dänemark versuchte zwar, sich neutral zu halten, aber es geriet immer wieder in Gegensatz zu England. Immerhin profitierten schleswig-holsteinische Handelsschiffe davon. Unter der Flagge des neutralen Dänemark konnten sie Häfen ansteuern, die für Schiffe der Krieg führenden

Staaten nicht zugänglich waren. Man verdiente u.a. gut am Dreieckshandel Flensburg (wo Rum und andere Waren geladen wurden) – Westafrika (wo man Sklaven lud) – Westindien (wo drei Inseln dänische Kolonie waren, aus der man Grundstoffe für den Rum nach Flensburg brachte). Graf Schimmelmann begründete so einen Teil seines Reichtums. Um England beim Seehandel zu schaden, besetzte Dänemark u.a. 1801 Hamburg und Lübeck. Im Jahre 1803 wurde das Bistum Lübeck in ein weltliches Fürstentum umgewandelt. Als Dänemarks Verbündeter Frankreich gegen Schweden in den Krieg zog, wurde Schleswig-Holstein zum Durchmarschgebiet für französische Hilfstruppen aus Holland und Spanien. Christian VII. starb darüber an einem Nervenzusammenbruch, und der bisherige Kronprinz wurde als Friedrich VI. zum König. Er setzte ganz und gar auf Napoleon, begann aber bald nach Napoleons ersten Schlachtverlusten zwischen den Seiten hin und her zu lavieren. Im Frieden von Kiel trat er am 14.1.1814 dem Bündnis gegen Napoleon bei, erhielt Schwedisch-Vorpommern, das er sofort mit Preußen gegen das Herzogtum Lauenburg tauschte. Mit diesem und mit Holstein trat Friedrich VI. beim Wiener Kongress dann dem Deutschen Bund bei.

Im Jahr 1803 gab es die erste Volkszählung in Schleswig und Holstein. Es wurden 604.000 Einwohner gezählt. Die Bevölkerung war aber noch sehr ländlich. Größte Stadt war Altona mit 23.000 Einwohnern, dann folgten Flensburg mit 13.000, Schleswig mit 7.800, Rendsburg mit 7.500 und Kiel mit 7.000 Einwohnern. Noch 1871 lebten erst 13 Prozent der Bevölkerung in Städten über 20.000 Einwohner.

Thema: Dichter und Schriftsteller

Es ist noch gar nicht so lange her, da waren Dichter, Schriftsteller, aber auch Maler, Komponisten usw. weitgehend von Mäzenen abhängig, wenn sie nicht ganz elend leben wollten. Diese Mäzene waren zumeist Adlige, in geringerem Maße Kirchenobere. Der Adel konnte diese Funktion um so leichter übernehmen, als Wohlstand damals zum großen Teil auf Landbesitz beruhte und man überdies noch steuer- und zollfrei (einstmals war fast jede heutige Kreisgrenze auch eine Zollgrenze) leben konnte. Der Nachteil des Mäzenatentums: Es hing von den Launen des jeweiligen Mäzens ab.

Eines der ersten geistigen Zentren war **Schloss Breitenburg** des Heinrich von Rantzau (1526–1598), der selbst ein gelehrter Historiker, Dichter und Schriftsteller war und sein Haus mit einer ungemein reichhaltigen Bibliothek zu einem Mittelpunkt des humanistischen Gedankenaustauschs machte. Auf **Schloss Gottorf** war es vor allem der kunstsinnige, sprachenkundige und belesene Herzog Friedrich III. (1616–1659), der seinem Hof, u.a. durch Bestellung von Adam Olearius als Bibliothekar und Hofgelehrten und von Jürgen Ovens als Hofmaler, Aufmerksamkeit und Anerkennung verschaffte. Besonders bekannt wurde der **Emkendorfer Kreis**, in dem Friedrich (1755–1828) und Julia von Reventlow (1763–1816), geb. Schimmelmann, wichtige Kulturschaffende wie Claudius, Klopstock, Voß, Lavater, Friedrich Leopold und Christian Graf zu Stolberg zu einem doch recht übertrieben so genannten „Weimar des Nordens" versammelten, auch Goethe einluden, der aber nicht kam, weil ihm die konservative und frömmelnde Atmosphäre nicht behagte. Julias Schwester Caroline (1760–1826), verh. Gräfin von Baudissin, und ihr Ehemann Friedrich (1753–1818) entfalteten auf **Gut Knoop** eine ähnliche Wirkung. Auf **Schloss Eutin** scharten die Fürstbischöfe gern Geistesgrößen um sich, vor allem Friedrich August (1711–1785), der u.a. Johann Gottfried Herder, Friedrich Leopold Graf zu Stolberg, Johann Hinrich Voß und den Maler Johann Heinrich Wilhelm Tischbein zeitweise an seinen Hof holte.

Als schleswig-holsteinisch von Geburt oder wegen ihrer Wirkungsstätte gelten u.a. folgende Dichter und Schriftsteller:

Claudius, Matthias (geb. 1740 in Reinfeld, gest. 1815 in Hamburg). Dichter, Journalist und Herausgeber des „Wandsbeker Boten“, einer der damals bedeutendsten Zeitungen, für die fast jeder berühmte Dichter schrieb. Volkstümliche („Der Mond ist aufgegangen“), fromme, aber auch kritische Gedichte und Prosawerke.

Stolberg, Christian Graf zu (geb. 1748 in Hamburg, gest. 1821 in Windeby bei Eckernförde), **Friedrich Leopold Graf zu** (geb. 1750 in Bramstedt, gest. 1819 in Sondermühlen bei Osnabrück) sowie **Auguste Louise Gräfin zu** (geb. 1753 in Bramstedt, gest. 1835 in Kiel). Die drei Geschwister waren nicht nur Freunde und Gefährten Goethes, sondern die Brüder schrieben selbst Gedichte, Dramen und Romane, die Schwester mehr Briefe an Goethe; die beiden Brüder waren auch wichtige Übersetzer griechische Literatur.

Voß, Johann Hinrich (geb. 1751 bei Waren, gest. 1826 in Heidelberg). Er war von 1782 bis 1802 Rektor der Gelehrtenschule in Eutin. Seine Gedichte und vor allem seine Übersetzungen Homers und anderer Klassiker weisen ihn als Meister der deutschen Sprache aus.

Harms, Claus (geb. 1778 in Fahrstedt bei Marne, gest. 1855 in Kiel). Zuerst Müller im väterlichen Betrieb, dann Pfarrer. Theologisch wortgewaltig und politisch streitbar; hatte viele Anhänger („Kirchenvater Schleswig-Holsteins“) und Gegner, diese vor allem bei den Obrigkeiten. Hauptwerk: Pastoraltheologie, in drei Bänden.

Hebbel, Friedrich (geb. 1813 in Wesselburen, gest. 1863 in Wien). Schrieb viele Gedichte und Dramen, oft Tragödien und nach historischem Stoff, so „Agnes Bernauer“, „Die Nibelungen“ und „Maria Magdalena“ (Näheres: Hebbel-Museum, Österstr. 6, 25764 Wesselburen, Tel. 04833/4190).

Storm, Theodor (geb. 1817 in Husum, gest. 1888 in Hademarschen). Anwalt, Richter, Landrat. Viele Novellen („Der Schimmelreiter“, dessen Stoff allerdings von der Weichsel stammt) und Gedichte („Graue Stadt am Meer“) mit Heimatbezug (Näheres: Theodor-Storm-Zentrum, Wasserreihe 31, 25813 Husum, Tel. 04841/666270).

Müllenhoff, Karl Viktor (geb. 1818 in Marne, gest. 1884 in Berlin). Professor der Germanistik in Kiel und Berlin, veröffentliche u.a. „Sagen, Märchen und Lieder der Herzogtümer Schleswig, Holstein und Lauenburg“ und entwickelte eine Theorie über die Kontinuität der deutschen Schriftsprache.

Groth, Klaus (geb. 1819 in Heide, gest. 1899 in Kiel). Lehrer, dann Professor für deutsche Sprache und Literatur. U.a. durch seine Sammlung plattdeutscher Gedichte „Quickborn“ wurde er Mitbegründer der niederdeutschen Literatur (Näheres: Klaus-Groth-Museum, Lüttenheid 48, 25746 Heide, Tel. 0481/63742).

Liliencron, Detlev von (geb. 1844 in Kiel, gest. 1909 in Alt-Rahlstedt). Bis 1875 Offizier, dann Natur- und Liebeslyriker. In der Ballade „Trutz, Blanke Hans“ wird die Sage vom Untergang der Stadt Rungholt behandelt, das Drama „Die Rantzau und die Pogwisch“ bezieht sich auf zwei Holsteiner Grafenfamilien.

Mann, Heinrich (geb. 1871 in Lübeck, gest. 1950 in Santa Monica, USA). Kritiker der bürgerlichen Scheinmoral und des Duckmäusertums, so in „Professor Unrat“, verfilmt als „Der blaue Engel“, und „Der Untertan“ (Näheres: Buddenbrookhaus, Heinrich-und-Thomas-Mann-Zentrum, Mengstr. 4, 23552 Lübeck, Tel. 0451/1224192).

Mann, Thomas (geb. 1875 in Lübeck, gest. 1955 in Kilchberg bei Zürich). Sein erster Roman „Buddenbrooks. Verfall einer Familie“ schildert den Gegensatz zwischen Kaufmann und Künstler und den Niedergang einer Lübecker Patrizierfamilie über vier Generationen und brachte ihm 1929 den Nobelpreis ein (Näheres: wie bei Heinrich Mann).

Bonsels, Waldemar (geb. 1880 in Ahrensburg, gest. 1952 in Ambach am Starnberger See). Der Autor von u.a. „Die Biene Maja und ihre Abenteuer“ ging in Kiel auf ein Gymnasium.

Erhebung und Befreiung

Für einen Ausflug zu unseren nördlichen Nachbarn:

Historiecenter Dybbøl Banke in Dybbøl
Es stellt die Ereignisse um die Schlacht auf den Düppeler Höhen im Februar 1864 dar. Mehrere etwa viertelstündige Zeichentrickfilme, auch in Deutsch, beschreiben anrührend die Kämpfe und das Soldatenleben, ergänzt durch Zitate aus Feldpostbriefen. Ausgestellt sind Zeitungsausschnitte aus Deutschland und Dänemark, Fotografien und Nachbauten. Im Freigelände ist eine der Schanzen mit Befestigungen, Kanonen und Soldatenunterkünften renoviert bzw. nachgebaut. Im Sommer zeigen Menschen in Originaluniformen und -kleidung das Soldatenleben mit Teilnahmemöglichkeit für Jugendliche (Kugeln gießen, Kanonen laden und abfeuern, Pfannkuchen backen usw.).

Museet på Sønderborg Slot in Sønderborg
Leider ist nur ein Teil der Beschriftungen auch in Deutsch gehalten. Im 1. Stock zeigt Raum 14 Informationen zur dänischen und schleswig-holsteinischen Politik 1814–1850, Raum 16 die Augustenburger Herzogsfamilie, Raum 17 den Krieg 1848–1850, Raum 18 dänische und preußische Uniformen 1848–1864, Raum 19 Gemälde von Krieg 1850, Raum 20 bis 22 Material zum Krieg von 1864.

Danevirke Museum Dannewerk
Das Museum hat neben der frühen Geschichte des Danewerks auch eine Abteilung, die sich insbesondere mit dem deutsch-dänischen Krieg von 1864 befasst. Auf ausführlichen Tafeln werden in Dänisch und Deutsch die Ereignisse und ihre Voraussetzungen dargestellt. Dazu werden Waffen und Uniformen ausgestellt.

Idstedt-Halle in Idstedt
Die in Deutsch und Dänisch gehaltenen Tafeln geben Auskunft über die Schlacht bei Idstedt am 25.7.1850 und die vorangegangenen deutsch-dänischen Streitigkeiten ab 1848. Persönliche Dokumente, amtliche Unterlagen, Zeitungsberichte, Uniformen und Ausrüstungsgegenstände sowie Dioramen mit Zinnsoldaten (eher für Kinder) vervollständigen das Bild.

Eiderkanal
Reste des Eiderkanals mit je einer Schleuse kann man noch bei Rathmannsdorf südlich der Straße Altenholz–Levensau und bei Königsförde nördlich der Straße Schacht-Audorf–Achterwehr besichtigen. Zufahrt jeweils beschildert, ganzjährig frei zugänglich. Zwei „Kanalpackhäuser“ aus den Jahren um 1780 in Kiel-Holtenau (am Thiessenkai) und in Tönning (am Hafen) waren früher Warenzwischenlager und dienen heute Wohn-, Gewerbe- und Kulturzwecken.

Museum Eckernförde
Neben Kultur- und Gewerbegeschichte gibt es auch Exponate zur Geschichte der Stadt und des Herzogtums Schleswig, so z.B. Gemälde von der Schlacht in der Eckernförder Bucht am 5.4.1849, dazu Modelle der dänischen Kriegsschiffe, Landkarten der Kämpfe, Zeitungskopien aus der Zeit und Uniformen, Ausstattungsgegenstände des Linienschiffes Christian VII.

Schifffahrtsmuseum Kiel
Das Museum zeigt u.a. Schiffe (Modelle und Gemälde) aus der Zeit der deutsch-dänischen Auseinandersetzungen, z.B. einen maßstabgetreuen Nachbau des „Brandtauchers“, eines U-Boot-Vorläufers von 1859. Dokumente zum dt.-dän. Krieg 1848–51, u.a. Aufrufe des Königs vom 8.7.1846 und der Provisor. Regierung vom 24.3.1848 sowie das Staatsgrundgesetz vom 15.9.1848.

Stadtmuseum Schleswig
Vor allem im 1. und 2. Obergeschoss werden Uniformen, Waffen, amtliche Verordnungen sowie Bilder und Lebens-

läufe von Mitgliedern der Ständeversammlung Mitte des 19. Jahrhunderts ausgestellt. Dazu Gemälde und Fotos zum Krieg von 1864.

Historisches Museum Rendsburg
Mehrere Stadtmodelle zu verschiedenen Zeitpunkten zeigen die Entwicklung bis zur gewaltigen Festung um 1830. Dazu Stadtpläne, -ansichten, Gemälde, viele Schiffsmodelle aus allen Zeiten, Modell des Eiderkanals, Industriegeschichte der Stadt, Militärhelme von 1800 bis 1980, Aufrufe, Uniformen aus der Erhebungszeit, Geschichte des Arbeitervereins von 1848. Nebenbei: sehr umfangreiches Druckereimuseum mit Maschinen und Werkzeugen vom Hand- über Maschinen- bis zum Foto- und Computersatz (mit bestimmten Terminen für praktische Vorführungen).

Schlossmuseum Glücksburg
Das Museum enthält auch ein wenig zu Christian IX., dem ersten dänischen König aus dem Hause Glücksburg. In einem Raum gibt es eine Galerie von elf Porträts von Christian, seinen Eltern und acht Geschwistern. Die Glücksburger Linie ist bis heute das dänische Königshaus.

Sylter Heimatmuseum Keitum
Ein Raum ist dem früheren Sylter Landvogt Uwe Jens Lornsen gewidmet, dem Wegbereiter der Erhebungsbewegung. Neben dem ausführlichen Lebenslauf gibt es auch Erstausgaben seiner Flugschrift „Über das Verfassungswerk in Schleswigholstein".

Museum der Grafschaft Rantzau in Barmstedt
Das Schwergewicht der Sammlung liegt auf der Entwicklung des Ortes und seiner Gewerbe, insbesondere der Schuhmacherei, die wie in Preetz überregionale Bedeutung hatte. Weiterhin Webstuhl für Wagenplanen und landwirtschaftliche Geräte, u.a. für Torfernte, sowie Geräte für Blaudruck, echte (!) Sparstrümpfe und Geldkatzen (Gürtel mit Geldfach).

Ab wann sich das lange Zeit recht gedeihliche Verhältnis zwischen Dänen und Deutschen so verschlechterte, dass es nur noch in einem Krieg enden konnte, lässt sich nicht so genau sagen. Jedenfalls hatten die Große Revolution in Frankreich und anschließend Napoleons Unterwerfung von fast ganz Europa auch in Dänemark und Deutschland ein Chaos angerichtet, nach dem manches nicht mehr so sein konnte wie zuvor. Der Wiener Kongress, der am 1.11.1814 zusammentrat, sollte die europäische Welt neu ordnen. Zuvor hatte schon der Kieler Frieden vom 14.1.1814 für Schleswig-Holstein Neues gebracht. In einem Ringtausch mit Schweden und Preußen war Lauenburg nun ein weiteres Herzogtum des dänischen Königs geworden, der dafür Norwegen zu Gunsten Schwedens und Helgoland zu Gunsten Englands abtreten musste. Der König trat beim Wiener Kongress als Herzog von Holstein und Lauenburg dem neuen aus 38 Staaten bestehenden Deutschen Bund bei.

In dieser Zeit hatten auch drei Werte weite Verbreitung gefunden, die als Prinzipien für den Staat gelten sollten: die Republik als Form des Staates, die Demokratie für die Herrschaft im Staat und die Nation als Bezugspunkt für die Organisation des Staates.

Das Republik-Ideal fand in Schleswig-Holstein keinen großen Widerhall. Wo Monarchen weiterregierten, brachten sie als „Ersatz" oft einen vierten Wert ins Spiel, indem sie die Aufklärung zum Leitstern ihres Regierens zu machen versprachen. Obgleich Schleswig-Holstein unter König Friedrich VI., der ab 1806 (bis 1839) regierte, wegen dessen Schaukelpolitik in den Befreiungskriegen in den wirtschaftlichen Ruin getrieben worden war, hielt es treu zu dem volkstümlichen Herrscher, nicht zuletzt auch deswegen, weil er den Süden des Landes wieder in einen Bund mit den anderen Deutschen geführt hatte. Genau das aber brachte ein neues Problem. Laut der Bundesakte vom 8.6.1815 sollte jeder Bundesstaat eine Verfassung bekommen. Das galt aber nur für Holstein und Lauenburg. Damit würde Holstein von Schleswig getrennt werden, und das führte zu Widerstand in den Herzogtümern. Uwe Jens Lornsen, bisher hoher Beamter in der Schleswig-Holsteinisch-Lauenburgischen Kanzlei in Kopenhagen, begründete eine Petitionsbewegung, die eine gemeinsa-

Porträt von Uwe Jens Lornsen im Sylter Heimatmuseum in Keitum (Foto: Museum)

me Verfassung für die Herzogtümer erwirken wollte (er schrieb deshalb stets „Schleswigholstein“) mit von Dänemark völlig getrennter Verwaltung, aber immer noch selbstverständlich dem König in Personalunion als schleswig-holsteinischem Herzog; der Gesamtstaat sollte also ein Doppelstaat werden. Eine entsprechende Flugschrift wurde, mit Genehmigung des dänischen Zensors, im November 1830 in vielen tausend Exemplaren gedruckt und verteilt.

Von Demokratie war hier nicht die Rede. Allerdings sollten die klassischen landständischen Rechte, vor allem die Steuererhebung, gestärkt werden und die Verwaltung modernisiert werden; ein Zweikammersystem sollte auch an der Gesetzgebung immerhin beteiligt werden. Noch im gleichen Monat wurde Lornsen verhaftet und bald darauf zu einem Jahr Festungshaft verurteilt. In Rendsburg am Paradeplatz steht eine Gedenksäule mit der Inschrift: „Uwe Jens Lornsen, dem ersten Märtyrer der Sache Schleswig-Holsteins, errichtet von seinen dankbaren Landsleuten am 24. März 1873, dem 25. Jahrestage der Erhebung Schleswig-Holsteins für Landesrecht und deutsche Nationalität“. Die schleswig-holsteinische Ritterschaft jedoch, für deren („landständische“) Rechte sich Lornsen eingesetzt hatte, sandte eine Ergebenheitsadresse an den König. Nicht zuletzt auf Grund von Lornsens Aktivitäten, aber auch wegen der Pariser Revolution von 1830, ließ Friedrich VI. in Schleswig und Holstein 1831 je eine beratende Ständeversammlung einrichten, der nicht nur Adelige angehörten, sondern auch Bürgerliche und Bäuerliche, sofern sie ein bestimmtes Grundeigentum hatten, eine Bedingung, die aber nur drei Prozent der Bevölkerung erfüllen konnten. Allerdings tagte diese Versammlung nur alle zwei Jahre.

Wesentlich heftiger fiel die Entwicklung des Nationalismus aus. Unter Nation wurde dabei eine Kulturgemeinschaft verstanden, und Kern der Kultur ist nun einmal die Sprache. So fragte Ernst Moritz Arndt 1813: „Was ist des Deutschen Vaterland?“ und antwortete selbst: „So weit die deutsche Zunge klingt und Gott im Himmel Lieder singt.“ Entsprechend meinte der dänische Pastor, Begründer der Heimvolkshochschulbewegung und Nationalitätspolitiker Nikolai F. S. Grundtvig: „Og træffer vors modersmål ej på et hår, det smelter dog mere end fremmedes slår“ (und ist unsere Muttersprache auch nicht ganz genau, ihre Anmut ist besser als die Stärke der fremden). Als Umgangssprachen gab es im ganzen Herzogtum Schleswig Dänisch, Sønderjysk, Friesisch, Hoch- und Plattdeutsch. So drehte sich der Streit hauptsächlich darum, was Kirch- und Schulsprache sein sollte. Im heutigen Schleswig, damals dem südlichen Landesteil, war es vornehmlich Deutsch, im nördlichen Teil, heute Nordschleswig bzw. dänisch Sønderjylland genannt, vor allem Dänisch, insbesondere auf dem Lande. Und dann ging es natürlich auch um die Amts- und Gerichtssprache. In Nordschleswig war die Verwaltungssprache deutsch, so dass das Jydske Lov (jütisches Recht) ins Plattdeutsche (!) übersetzt werden musste, um handhabbar zu werden.

Eine Welle von antideutschen Gefühlen in Dänemark war schon von dem selbstherrlichen Regiment des Grafen Struensee ausgelöst worden, der in den nicht einmal zwei

Jahren seiner Regierungszeit eine Flut von Reformverordnungen erlassen hatte – alle in deutscher Sprache. Sofort nach seinem Sturz setzten 1773 Dänisierungsbemühungen ein. So wurde 1806 angeordnet, dass alle Verordnungen in den Herzogtümern in beiden Sprachen zu veröffentlichen seien, ausdrücklich zwecks Verbreitung des Dänischen. Ab 1810 wurde in den dänisch sprechenden Distrikten auch Dänisch als Gerichts-, Kirchen- und Schulsprache vorbereitet, ab 1812 mussten alle neuen Beamten und Anwälte Dänisch lernen, und ab 1814 war Dänisch Pflichtfach an allen Höheren Schulen. 1838 erschien die erste dänischsprachige Zeitung in Schleswig mit dem programmatischen Titel „Dannevirke".

Eine bedeutende Rolle in der Auseinandersetzung spielten große Volksfeste. Am 14.5.1843 gab es eins auf dem Berg Skamlingsbanke bei Kolding, bei dem die dänische Position propagiert wurde; am 16.6.1844 bekannten sich die Nordfriesen in Bredstedt zur schleswig-holsteinischen Sache, und am 24.7.1844 wurde auf einem Sängerfest in Schleswig erstmals das Schleswig-Holstein-Lied gesungen und eine blau-weiß-rote Landesfahne gezeigt, die 1845 verboten wurde. Zwischendrin tankten schleswig-holsteinische Studentendelegationen u.a. beim Wartburgfest 1817 und beim Hambacher Fest 1832 Deutschtum.

Schon vor der allgemeinen Schulpflicht gab es „Schularbeiten": Schnitzereien am „Küsterstuhl" von Mjolden, zu sehen auf dem Museumsberg in Flensburg (Foto: Museum)

Nach den Befreiungskriegen war das Land praktisch bankrott. Die hohen Kriegssteuern und -anleihen, der Raub der die Handelsschifffahrt schützenden dänischen Flotte durch England, der Abzug von Arbeitskräften zum Kriegsdienst, die Notwendigkeit der Beherbergung und Verpflegung von durchziehenden Truppen vieler Länder und die Verwüstung der Felder durch militärische Aktionen hatten das Land an den Rand des Ruins gebracht.

Aber der wirtschaftliche Aufschwung kam trotz den politischen Auseinandersetzungen sehr schnell. Schon 1784 war als Verwirklichung eines alten Wikinger-Traums der Schleswig-Holsteinische Kanal, später Eiderkanal genannt, in Betrieb genommen worden, der in sieben Jahren von über 6.000 Arbeitskräften, zu einem großen Teil Soldaten, mit sechs Schleusen und in einer Länge von 34 km, einer Wasserspiegelbreite von 31 m, einer Sohlenbreite von 18 m und einer Fahrwassertiefe von 3,5 m gebaut worden war. Auf ihm konnten Schiffe mit fast 300 t Tragfähigkeit von Kiel nach Rendsburg kommen, von wo sie auf der Eider bei Tönning in die Nordsee gelangten. Die beiden erhaltenen großen „Kanalpackhäuser" in Kiel-Holtenau und Tönning zeigen noch heute, dass der Warenumschlag einen erheblichen Umfang gehabt haben muss, obgleich die Schiffe bei ungünstigen Windverhältnissen von Pferden oder Menschen auf seitlichen Treidelpfaden gezogen werden mussten. Da der Kanal ab Rendsburg praktisch der natürliche Lauf der Eider war, betrug die Länge von Kiel nach Tönning 173 km. Die Zeit für die Kanalfahrt betrug drei bis vier Tage, für Dampfschiffe etwa 15 Stunden. Obwohl der Eiderkanal bald die meisten Schiffspassagen von allen Kanälen in Europa aufwies, im Durchschnitt etwa 2.600 Schiffe im Jahr, blieb er, nicht zuletzt wegen der begrenzten Ladefähigkeit der Schiffe, ein Zuschussgeschäft für den Staat. Eine regelmäßige Dampfschiffverbindung zwischen Kiel und Kopenhagen wurde 1819 und zwischen Kiel und Flensburg 1829 eingerichtet. Die erste Chaussee, eine mit Steinen belegte

Die Lokomobile, hier im Hof des Volkskunde-Museums in Schleswig, diente als fahrbare Antriebsmaschine ab etwa 1820 in der Großlandwirtschaft (Foto: Museum)

Straße statt der bis dahin unbefestigten Wege, wurde so zweckmäßig geplant, dass sie weitgehend noch heute als Trasse für die B 4 dient. Sie führte ab 1832 von Kiel nach Altona und verkürzte die Reisezeit auf den etwa 100 km um sieben auf neun Stunden, obwohl nach jeder Meile (= 7,5 km) eine Maut kassiert wurde. Vor dem Amt Molfsee und an anderen Stellen erinnern heute noch Meilensteine mit dem Wappen Friedrichs VI. an diese wichtige Infrastrukturmaßnahme. Ab 1844 gab es dann eine von 5.000 Arbeitern innerhalb eines Jahres gebaute Eisenbahnverbindung zwischen Kiel und Altona, das als Grenzstadt Schleswig-Holsteins zu Hamburg einen Kopfbahnhof erhielt mit einem Prachtgebäude, das aber später den Verkehr stark behinderte. Ab etwa 1820 erholte sich die Landwirtschaft, einerseits wegen des Nahrungsmittelbedarfs durch eine hohe Bevölkerungsvermehrung, andererseits durch die Agrarreformen, die 1805 gegen den Widerstand des größten Teils des Adels vor allem in Holstein in etwa 150 Gutsbezirken die Bauern von Schollenzwang und Frondienst befreiten und sie, überwiegend als Pächter, auf eigene Rechnung wirtschaften ließen. Ebenso günstig wirkte die Frühindustrialisierung, auch wieder vornehmlich in Holstein. Neumünster war der bedeutendste Industriestandort. Die allgemeine Schulpflicht wurde 1814 eingeführt. Auf dieser Grundlage nahm auch manche Industrie einen gewissen Aufschwung. Die Eisengießerei Carlshütte in Rendsburg, gegründet 1827 und stillgelegt 1997, war das erste bedeutende Industrieunternehmen im Lande; 1877 hatte es über 800 Arbeiter, 1948 sogar 1.800. Die erste deutsche Konservenfabrik wurde 1845 in Lübeck gegründet. Die 1852 gegründete Flensburger Glashütte war zeitweise zweitgrößter Arbeitgeber in der Stadt. Es gab 1845 über 100 Ziegeleien, 42 Kerzenfabriken, 8 Ölmühlen, 10 Papierfabriken, 6 Glashütten und 5 Kupferschmieden im Land. Vor allem die Textilindustrie war ein wichtiger Arbeitgeber: Sie beschäftigte über 7.000 Arbeitskräfte. Insgesamt war die Industrialisierung aber bescheidener als in anderen Teilen Deutschlands. Ein ganz neuer Gewerbezweig wurde der Badebetrieb. An der Nordsee wurde er 1819 in Wyk auf Föhr aufgenommen, 1837 in Büsum und 1855 auf Sylt; an der Ostsee begann er 1802 in Travemünde, 1812 in Haffkrug und 1813 in Grömitz.

Immer moderner: Hofapotheke um 1840 im Museum des Kreises Plön (Foto: Museum)

Schusterwerkstatt im Museum der Grafschaft Rantzau in Barmstedt (Foto: Museum)

Zahlreich und vielfältig war das Handwerk. Es gab im Jahr 1845 an Meistern (in Klammern: Gehilfen): Schuster 3.742 (2.528), Tischler 1.817 (1.574), Schmiede 1.578 (1.485), Zimmerleute 825 (1.017), Bäcker 676 (587), Böttcher 536 (267), Sattler 329 (238), Schnapsbrenner 248 (190), Gerber 232 (197), Drechsler 210 (163), Uhrmacher 184 (65), Brauer 88 (77), Buchbinder 75 (88), Handschuhmacher 22 (15) und Buchdrucker 16 (83). Um diese Situation in einem kleinen Ort näher zu betrachten, seien für Barmstedt, das 1803 insgesamt 939 Einwohner hatte, folgende Zahlen an Meistern für die einzelnen Handwerke genannt: Schuster 58, Schneider 33, Weißgerber 9, Brauer und Brenner 9, Schmiede 6, Tischler 5, Bäcker, Küfer, Zimmerer je 4; weiterhin aus mehr als einem Dutzend Gewerben jeweils weniger als 4 Meister, dazu natürlich Gehilfen und Lehrlinge.

Damals begannen auch Vorläufer der Arbeiterbewegung, die aber keineswegs immer sozialistisch waren. Der Rendsburger Arbeiterverein wurde 1848 gegründet unter dem Motto „Dankbar aufwärts, rastlos vorwärts! Einigkeit macht stark!“ Zu seinen Aktivitäten gehörten zuerst vor allem die Bildungsarbeit, dann aber auch Chorgesang, Krankenkasse, Sparkasse, Frauen-Gewerbeschule ab 1896, Bibliothek, Vortragsreihen und eine gewerbliche Sonntagsschule für Lehrlinge. Er verwahrte sich dagegen, von links vereinnahmt zu werden.

Der wachsende wirtschaftliche Wohlstand übertünchte aber nicht die politischen Gegensätze. Als Friedrich VI., dem die Schleswig-Holsteiner trotz seiner oft sehr rücksichtslosen Politik treu ergeben waren, 1839 starb, ohne einen Sohn zu hinterlassen, verspielte sein Vetter als Nachfolger, Christian VIII. (er regierte von 1839 bis 1848), in kurzer Zeit alle Sympathien. Er sah sich in einer erbrechtlichen Klemme. Das Haus Oldenburg, das bisher die dänischen Könige gestellt hatte, drohte in der Manneslinie auszusterben. Das war für das eigentliche Dänemark kein Problem; dort war die Thronfolge in weiblicher Nebenlinie seit langem zulässig. In den Herzogtümern galt aber nur die männliche Erbfolge nach Christian I., so dass die Personalunion von König und Herzog nicht mehr möglich gewesen wäre. Der danach berechtigte Erbe der Herzogswürde in Schleswig und Holstein wäre der unbeliebte, weil sehr auf Distanz bedachte Christian August von Schleswig-Holstein-Sonderburg-Augustenburg gewesen. Dieser Neffe Friedrichs VI. und Schwager Christians VIII. war in Dänemark aber geradezu verhasst, weil ihm nachgesagt wurde, ein selbstständiges Schleswig-Holstein anzustreben. Der König hielt es zunächst mit den „Eiderdänen", einer nationalliberalen Gruppierung, die Schleswig bis zur Eider in den dänischen Gesamtstaat eingliedern wollte, notfalls unter Aufgabe von Holstein und Lauenburg, wenn man nur für den Gesamtstaat eine liberale Verfassung erreichen könnte.

Spiegelbildlich gab es in Holstein die „Neuholsteiner", die für Holstein, ggf. unter Aufgabe von Schleswig, die Chance einer demokratischen Verfassung nach der Bundesakte des Deutschen Bundes nutzen wollten. Die weitaus meisten Schleswig-Holsteiner aber wollten getreu dem Ripener Vertrag ungeteilt bleiben und mit Dänemark nur eine Personalunion haben. Es ging also um entweder „Danmark til Eideren" oder „Schleswig-Holstein up ewig ungedeelt".

Zu gleicher Zeit wurde die Dänisierung Schleswig-Holsteins in vielen Einzelschritten vorangetrieben. Seine Truppen wurden

Traditionelles Handwerk: Kleiderschrank aus Djernis, ausgestellt auf dem Museumsberg Flensburg (Foto: Museum)

unter Schließung der eigenen Militärschule in Rendsburg voll in das dänische Heer eingegliedert, die Beamten mussten an ihrem Dreispitz die rot-weiße statt der Landeskokarde tragen, und es wurde, allerdings weitgehend vergeblich, versucht, die dänische Währung in Schleswig-Holstein einzufüh-

Handwerk im Umfeld der Landwirtschaft: Schmiede im Landwirtschaftsmuseum Meldorf (Foto: Museum)

ren. Ein zentraler Ort der Proteste, vor allem in der immer wieder hochkochenden Sprachenfrage, waren die Ständeversammlungen, besonders natürlich die schleswigsche.

Als die jütländische Ständeversammlung im Oktober 1844 in Roskilde den König aufforderte, die unterschiedslose Einheit des dänischen Reiches festzustellen, und die holsteinische Ständeversammlung in Itzehoe daraufhin im Dezember 1844 auf den alten Sonderrechten bestand, war der Konflikt offen erklärt. Christian VIII. entschied sich nun in einem Offenen Brief 1846 für eine Politik der Integration von ganz Schleswig-Holstein. Die Proteste dagegen wurden gewaltsam unterdrückt. Ermuntert von der Französischen Revolution vom Februar 1848 trat am 18.3.1848 in Rendsburg eine gemeinsame Versammlung der Landstände von Schleswig und Holstein zusammen, zu der sich viele Bürger gesellten und mit der sich viele aus den Herzogtümern stammende Soldaten und Unteroffiziere der örtlichen Garnison, der zweitgrößten in Dänemark, solidarisierten. Eine Abordnung der Landstände mit der Forderung nach Vereinigung beider Landstände zur Beratung einer Verfassung, Aufnahme Schleswigs in den Deutschen Bund, Einführung von Presse- und Versammlungsfreiheit und einigen anderen Wünschen wurde nach Kopenhagen geschickt. Währenddessen tagte dort schon eine Versammlung der Eiderdänen, die sich gegen die gerüchteweise bekanntgewordenen Forderungen aus dem Süden wandte. Sie konnte sich bei Friedrich VII. unter der Drohung, ihn ggf. zu stürzen, durchsetzen. Er erklärte sich zwar selbst zum nur noch konstitutionellen Herrscher, aber er und sein Staatsrat lehnten die schleswig-holsteinischen Forderungen ab.

Daraufhin kam es zu dem Vorgang, der seither in der deutschen Geschichtsschreibung „Erhebung“, in der dänischen „oprør“ (Aufruhr) heißt. Am 24.3.1848 bildete sich in Kiel eine provisorische Regierung für Schleswig-Holstein, bestehend aus dem Anwalt Beseler, dem Prinzen Friedrich von Noer, dem Preetzer Klosterpropsten Graf Reventlou und dem Konsul M. T. Schmidt, und zwar im Namen des, so hieß es, in seiner Entscheidung behinderten Herzogs, d.h. des Königs Friedrich VII. Am nächsten Morgen fuhren ein Trupp von 250 Soldaten unter dem Kommando des Prinzen von Noer und bewaffnete Turner und Studenten mit dem Zug nach Rendsburg und nahmen ohne Gegenwehr die Festung ein. Die vereinigten

Einschiffung der dänischen Kavallerie in Korsør: Gemälde von Otto Bache im Schlossmuseum Sønderborg (Foto: Museum)

Gemälde zur Seeschlacht in der Eckernförder Bucht, Museum Eckernförde (Foto: Museum)

Landstände der Herzogtümer, die preußische Regierung und die Bundesversammlung des Deutschen Bundes erkannten die provisorische Regierung an. Viele Bürger bewaffneten sich und bildeten in patriotischer Begeisterung Freikorps, die sich an die Seite von meuternden schleswig-holsteinischen Soldaten stellten, deren dänische Offiziere nach Norden abzogen. Freiwillige, Geldspenden und Pferde kamen aus den Herzogtümern und anderen deutschen Ländern. Lauenburg allerdings erklärte sich für neutral. Die provisorische Regierung führte 1848 die allgemeine Wehrpflicht, die seit 1800 schon für die Landbewohner außer Adel, Geistlichkeit, Beamte und Lehrer gegolten hatte, nun auch für die Städter von 21 bis 40 Jahre ein und schaffte die Möglichkeit ab, sich durch einen bezahlten Söldner vertreten zu lassen.

Anfang April 1848 kam es bei Flensburg zu ersten Gefechten mit weit überlegenen dänischen Truppen, die dann auch gewannen. Als am 18.4. ein Ultimatum des Deutschen Bundes an Dänemark ablief, waren preußische und Bundestruppen in Schleswig-Holstein eingetroffen; am 23.4. griffen sie die Dänen an, die sich am Danewerk verschanzt hatten. Dieses Mal kämpften die deutschen Truppen mit 21.000 Mann gegen 15.000 Dänen, die in die Flucht geschlagen wurden, wobei 417 Deutsche und 170 Dänen fielen. In der dänischen und schleswig-holsteinischen Literatur wird das zumeist sehr dramatisch und patriotisch geschildert. Von außen sah es oft harmloser aus. So schrieb der Volkskundler Wilhelm H. Riehl in seiner „Nassauischen Chronik des Jahres 1848" über das Ausrücken des nassauischen Militärs nach Schleswig-Holstein: „Man kann den Ausmarsch keinen Feldzug nennen; es war eine Touristenfahrt im Großen nach dem Kriegsschauplatz. ... Es schien vielmehr dem schlichten Sinne des gemeinen Mannes im Soldatenrock, als ob man hier Krieg führe, um Leute, die dänisch sein wollten, mit Gewalt deutsch zu machen." So jedenfalls der Eindruck aus Flensburg und Nordschleswig. Anfang Mai 1848 war Schleswig-Holstein in der Hand der deutschen Streitkräfte, aber von Alsen her rückten starke dänische Verbände auf Jütland vor. Unter dem diplomatischen Druck von Schweden, Russland und England wurden Waffenstill-

Der „Brandtaucher“ (Nachbau) im Schifffahrtsmuseum Kiel (Foto: U. Dagge)

standsverhandlungen geführt, die im September 1848 in Malmö Erfolg hatten.

Nachdem eine aus Wahlen hervorgegangene Landesversammlung am 8.9.1848 ein Staatsgrundgesetz für die Herzogtümer Schleswig-Holsteins angenommen hatte, das beide zu einem unteilbaren Staat im deutschen Staatenverband machte und u.a. Meinungsfreiheit sowie den herkömmlichen Gebrauch der Kirchen- und Schulsprachen garantierte und den Herzog, ggf. in Personalunion mit dem dänischen König, zum Staatsoberhaupt erklärte, trat die provisorische Regierung zu Gunsten einer neuen Gemeinsamen Regierung zurück, die aber von Dänemark nicht anerkannt wurde. Da sich die Friedensverhandlungen lange hinzogen, kündigte Dänemark den Waffenstillstand zum 26.3.1849 und griff im April Schleswig-Holstein an. Dort standen inzwischen aber 20.000 Mann eigene und 40.000 Mann Bundestruppen, die die Angriffe erfolgreich abwehrten, so besonders eindrucksvoll in der Schlacht um Eckernförde am 5.4.1849, in der Werner von Siemens als Leutnant die Schanzen geplant hatte. Ebenso erfolgreich aber siegten die Dänen Anfang Juli im Kampf um Fredericia. Deshalb wurde am 10.7.1849 von den Großmächten ein neuer Waffenstillstand geschlossen, und zwar gegen den Willen der Schleswig-Holsteiner, die darin die Ungeteiltheit ihres Landes nicht gesichert fanden. Nach Ablauf des Waffenstillstandes wurde zwischen Dänemark und dem kriegsmüden Preußen ein Friedensvertrag geschlossen, der am 2.7.1850 vom Deutschen Bund unterzeichnet wurde, wiederum über die Köpfe der Schleswig-Holsteiner hinweg. Die staatsrechtlichen Fragen, Ursachen der bisherigen Auseinandersetzungen, blieben dabei unerledigt. Daher handelten die Schleswig-Holsteiner auf eigene Faust und zogen mit 27.000 Mann gegen die Dänen, die 38.000 Mann aufbieten konnten und u.a. deshalb am 24.7.1850 die Schlacht bei Idstedt gewannen. In dieser Schlacht verloren beide Seiten ein Zehntel ihrer Soldaten, im gesamten Krieg 1848–51 hatte Schleswig-Holstein 6.000, Dänemark 8.000 Tote zu beklagen. Innerhalb der kurzen Waffenstillstandszeit wurde in großer Eile eine schleswig-holsteinische Kriegsmarine aufgestellt, die schon 1849 dreizehn Schiffe besaß, die nachher der starken dänischen Flotte Paroli bieten konnten. Der Kieler Chemiker Prof. Himly entwickelte von Land aus zu zündende Seeminen, die den Kieler Hafen schützen sollten, und der Ingenieur Bauer konstruierte den sog. Brandtaucher, einen allerdings noch nicht einsatzfähigen Vorläufer der U-Boote.

Dann wurde Preußen und Österreich der Selbstbestimmungswille der Schleswig-

Holsteiner politisch lästig. Unter Androhung militärischer Gewalt zwangen sie sie Ende 1850/Anfang 1851 zur Niederlegung der Waffen, zu weitgehender Abrüstung und Auflösung aller eigenstaatlichen Institutionen. Dänemark übernahm wieder die Regierungsgewalt. Eine in vielen Fällen sehr kleinliche und schikanöse Dänisierungs- und Rachepolitik begann, so dass viele Schleswig-Holsteiner in andere Staaten Deutschlands und des Auslandes auswanderten. Darunter waren vor allem Offiziere, Beamte und Geistliche, für die eine dänische Amnestie nicht galt. Das Land musste nicht nur preußische, sondern auch dänische Kriegsschulden bezahlen.

Das brachte die Schleswiger und Holsteiner so sehr gegen Dänemark auf, dass sie zehn Jahre später ihre Empörung über den Verrat Preußens fast vergessen hatten. Als die dänische Regierung begann, Schleswig ganz in das Königreich einzugliedern und Holstein von einem Staat des Deutschen Bundes zu einer Art Kolonie Dänemarks zu machen, beschloss der Deutsche Bund am 1.10.1863 die Bundesexekution, d.h. das militärische Vorgehen gegen den dänischen König als ungetreuen Herzog von Holstein, also Krieg gegen Dänemark. Da starb am 15.11.1863 Friedrich VII., und damit erlosch das oldenburgische Herrscherhaus. Sein Nachfolger wurde Christian IX. aus dem Hause Schleswig-Holstein-Sonderburg-Glücksburg. Gegen ihn erhob aber Prinz Friedrich von Schleswig-Holstein-Sonderburg-Augustenburg Anspruch auf die schleswig-holsteinische Herzogswürde, lebhaft unterstützt von der Bevölkerung. Am 23.12.1863 griffen sächsische und hannoversche Einheiten im Auftrag des Deutschen Bundes im Süden Holsteins an, während Preußen und Österreich aus eigenem Entschluss Hamburg und Lübeck besetzten, die als selbstständige Hansestädte mit der Schleswig-Holstein-Frage eigentlich nichts zu tun hatten. Eine Volksversammlung in Elmshorn proklamierte am 27.12.1863 den Augustenburger Prinzen zum Herzog Friedrich VIII. von Schleswig-Holstein. Der neue Herzog und einige Abgesandte reisten zu den deutschen Höfen, wurden zumeist sehr freundlich empfangen, erreichten aber nirgends die Anerkennung Friedrichs VIII. als neuer Herrscher von Schleswig-Holstein, nicht einmal nur von Holstein.

Otto von Bismarck, seit Herbst 1862 preußischer Ministerpräsident, machte nun Schleswig-Holstein zu einem Versuchsfeld für seine Expansionspolitik. Als es der Deutsche Bund im Januar 1864 ablehnte, Preußen

Militärunterkunft in einer dänischen Schanze auf den Düppeler Höhen (Foto: Historiecenter Dybbøl)

und Österreich mit der Besetzung des Herzogtums Schleswig zu beauftragen, handelten die beiden Staaten aus eigener Machtvollkommenheit. Am 1.2.1864 schlugen sie los. Sie gelangten, von den Einwohnern noch misstrauisch beobachtet, schnell an das Danewerk, wo das dänische Militär mit 1.600 Mann fünf Wochen geschanzt und seine Hauptverteidigungslinie aufgebaut hatte, die es aber in der Nacht des 5.2. räumte. Hinter den nach Norden vorrückenden Invasionstruppen veranstalteten die Zivilisten patriotische Feiern und verjagten oder verhafteten dänische Beamte, Pastoren und Lehrer. Die preußischen und österreichischen Verbände wandten sich weiter nach Norden, um in Jütland dänisches Kernland zu betreten, und nach Osten, wo die Dänen bei den Düppeler Schanzen (dän. Dybbøl) den Übergang nach Alsen verteidigten. Unter großen Opfern auf beiden Seiten siegten hier am 15.4.1864 die deutsch-österreichischen Angreifer. Ein entscheidender Vorteil für die Preußen soll gewesen sein, dass sie mit Kanonen und Gewehren mit gezogenen Läufen viel genauer schießen konnten als die Dänen ohne diese Neuerung. In Dänemark wird vermutet, dass Preußen den Krieg u.a. als Waffenprobe für die späteren größeren Kriege angefangen hatte.

Ende April 1864 trat in London eine schon lange vorher angekündigte Friedenskonferenz zusammen, die trotz Diskussion vieler Modelle keine Einigung zustande brachte. Als am 25.6.1864 der Waffenstillstand endete, begannen das preußische und das österreichische Militär wieder dem Kampf und hatten Mitte Juli ganz Jütland und Alsen besetzt. Auf dieser Grundlage liefen die Friedensverhandlungen in Wien unter Teilnahme von Bismarck persönlich recht zügig. Am 30.10.1864 verzichtete Dänemark im Friedensvertrag auf alle drei Herzogtümer, mit Ausnahme einiger Gemeinden bei Ribe und Kolding; das waren zwei Fünftel der Fläche und ein Drittel der Bevölkerung Gesamtdänemarks. Die interne Regelung des Zugewinns der Sieger zog sich lange hin. In einer Zwischenlösung wurde Schleswig unter preußische, Holstein unter österreichische Verwaltung gestellt und Lauenburg an Preußen verkauft. Preußen und Österreich hatten sich so entfremdet, dass Bismarck auf Krieg zusteuern konnte, der am 3.7.1866 in der Schlacht bei Königgrätz zum Vorteil Preußens ausging. Am 23.8.1866 trat Österreich daher alle seine Rechte in Schleswig und Holstein an Preußen ab, so dass am 24.1.1967 Schleswig-Holstein eine preußische Provinz wurde und das Herzogtum Lauenburg ein holsteinischer Landkreis. Bismarck hatte nun das, was er von Anfang an gewollt hatte, und zwar lange Zeit gegen den Willen seines Königs und des Kronprinzen, der sich als Heerführer gegen Dänemark große Verdienste erworben hatte: die Einverleibung der Herzogtümer in Preußen. Die Schleswig-Holsteiner hatten auch, was sie gewollt hatten: Sie waren frei von Dänemark, und sie waren „tosamende ungedeelt". Aber sie waren es unter einem preußischen Oberpräsidenten, als Provinz Preußens; und das hatten die meisten nicht gewollt.

Schleswig-Holstein als preussische Provinz

Museet på Sønderborg Slot
In Raum 28 gibt es eine Ausstellung unter dem Titel „Gegeneinander und Miteinander im Grenzland“ mit vielen Dokumenten bis in die neuere Zeit, u.a. zum Schicksal der dänischen Minderheit im 2. Weltkrieg.

Stadtmuseum Schleswig
Das 2. Obergeschoss enthält Ausstellungsstücke u.a. zur Lebenslage der Arbeiter und Handwerker um 1900, zum 1. Weltkrieg, zur Revolution 1918, zur Abstimmung 1920, zu Inflation und nationalsozialistischer Zeit. Im 3. Obergeschoss ist die interessante Sammlung von Dr. Gunkel mit Spielzeug aus der ersten Hälfte des 20. Jahrhunderts.

Möllner Museum
Historisches Rathaus
Das Museum beleuchtet u.a. die Fabrikarbeit und die Arbeiterbewegung um 1900, zeigt einen Frisiersalon um 1910 und eine Uhrmacherwerkstatt um 1930. Weiterhin werden behandelt: Schulzeit ab 1875, Feste und Umzüge, Ferien und Erholung, Weg in den Krieg.

Volkskunde-Museum Schleswig
Gezeigt werden z.B. landestypische Kleidungsstücke, Strandmoden und Badekarren des 19. Jahrhunderts, Volksfeste (Vogelschießen, Rolandreiten), Mythen (Schimmelreiter, Gorch Fock), Setzerei und Druckerei, Buddenbrooks in Lübeck, Nord-Ostsee-Kanal, Revolution 1918, Adolf-Hitler-Koog, „Heil“-Anstalten im Dritten Reich, Synagoge in Rendsburg.

Museum Eckernförde
Das Museum zeigt Bilder, Geräte u.ä. zur Arbeitswelt, insbes. der Fischerei; einen Krämerladen, der von 1910 bis 1980 betrieben wurde; 170 Jahre Badeleben; eine Küche aus dem 1. Drittel des 20. Jahrhunderts; Bilder von der Ostseesturmflut 1872; Geschichte der Elektrotechnik. Ein Raum ist der nationalsozialistischen Herrschaft, aber auch den Widerstandskämpfern gewidmet.

Kreismuseum
im Herrenhaus Ratzeburg
Fotos und Schriftdokumente zur Zeit des Dritten Reiches in der Ratzeburger Gegend.

Kreismuseum Prinzesshof Itzehoe
Schwerpunkt sind das 19. und 20. Jahrhundert. Biedermeier-Zimmer mit Führung durch Tonband, Itzehoer Schulwesen im Kaiserreich, Kriegs- und Reservistenandenken 1871 und 1914/18, Steinburger Zementindustrie. Zum 2. Weltkrieg u.a.: Eintopf-Sonntag, Metall- und Knochensammlung.

Jüdisches Museum Rendsburg
Es umfasst die ehemalige Synagoge, die älteste heute noch erhaltene im Lande (erbaut 1844/45), mit Betsaal, Frauenempore und rituellem Bad. In den Nebenräumen werden Gottesdienstgerätschaften, Thorarollen, Bibeln, Gesangbücher und traditionelle Gebrauchsgegenstände ausgestellt. Weiterhin werden die jüdischen Feste beschrieben und illustriert.

Historisches Museum Rendsburg
In einem vom Besucher selbst einzuschaltenden Kino gibt es mehrere Kurzfilme zur neueren Entwicklung von Rendsburg, beginnend mit einem großen Aufmarsch im März 1933. Weiterhin Dokumente zur britischen Besatzung und zur Nachkriegszeit: Personalausweise der britischen Zone, Geld der Alliierten Militärbehörde, erste Wahlplakate 1946/47.

Museum für Kunst und Kulturgeschichte, Schleswig-Holsteinische Landesmuseen Schloss Gottorf, Schleswig
Neben der Wohnkultur des Adels zur Herzogszeit werden bürgerliche Einrichtungen aus der Zeit des Biedermeier

und des Jugendstils gezeigt sowie Bauernstuben.

KZ-Gedenk- und Begegnungsstätte Ladelund
In hervorragender Weise werden die Geschichte sowie die Vor- und Nachgeschichte dieses Außenlagers des KZ Neuengamme dargestellt. Die Schicksale von Opfern und Tätern werden durch Dokumente und Bilder genau belegt. Die Texte und einige Abbildungen sind in einem Katalog enthalten, der in vier Sprachen erworben werden kann (2,60 Euro).

Industriemuseum Elmshorn
Neben einer im Betrieb vorführbaren Dampfmaschine als Energiezentrum aller Industrie der Anfangszeit werden mit Bedacht ausgewählte typische Maschinen und Werkzeuge der folgenden Industrien gezeigt: Leder, Textil, Mühlen, Schiffbau, Fleischwaren, Steingut und Margarine. Dazu: Kolonialwarenladen, Landwirtschaft, Schneiderei, Schuhmacherei, Tischlerei, ein Kontorraum, Wohnsituation von Arbeiter- und Oberschichtfamilie, Zunftwesen. Besonders eingehend: Ernährung und Propaganda im Dritten Reich mit Filmen und Tonbändern sowie ein Rezeptbuch für die Verwendung von Eichelmehl im Haushalt, 2. Weltkrieg und Nachkriegszeit.

Jüdischer Friedhof Elmshorn
Der Friedhof hat noch etwa 130 jüdische Grabsteine. Zur Information Ausstellungstafeln und Friedhofshalle.

Bismarck-Museum Aumühle
Das Museum auf dem Gelände des Gutes Friedrichsruh, Bismarcks Alterssitz, zeigt Leben und Wirken des ehem. Reichskanzlers in Bildern, Urkunden usw.

Museum am Meer, Büsum
Berichtet wird neben der Ortsgeschichte über die Küstenfischerei u.a. durch den Blick in eine im Betrieb befindliche gewerbliche Krabbensiebanlage in der anderen Hälfte des Gebäudes. Zweiter Schwerpunkt ist die Touristik mit „Fremdenzimmer" aus den 60er Jahren, Bademoden seit 1895 und Reiseandenken. Vier Filme von je 10 bis 15 Minuten Dauer können sich die Besucher vorführen lassen.

Museum Tuch und Technik Neumünster
Neben anderen Jahrhunderten ist die Frühindustrialisierung ein zentrales Thema des Museums, das dazu einschlägige Maschinen in betriebsbereitem Zustand zeigt und Informationen über die Lebensverhältnisse bietet.

Schleswig-Holstein war nun in keinerlei Hinsicht mehr eine eigenständige Einheit; es war eher abhängiger als unmittelbar zuvor. es hatte auch kein eigenes Herrscherhaus, sondern gehörte jetzt zu Preußen, dem Beritt der Hohenzollern. Der endgültige Frieden zwischen den Augustenburgern, deren Prinz Friedrich vor allem von Preußen daran gehindert wurde, Herzog von Schleswig-Holstein zu werden, und den Hohenzollern wurde schon 1881 geschlossen. Da heiratete Friedrichs Tochter Auguste Victoria Preußens Prinzen Wilhelm, den späteren Kaiser Wilhelm II. Dabei wurde vereinbart, dass den Augustenburgern ihr Stammsitz, Schloss Augustenburg auf der Insel Alsen, zurückgegeben werden sollte sowie Schloss Gravenstein auf dem Festland.

Die preußische Provinz Schleswig-Holstein wurde von einem Regierungspräsidium in Schleswig aus verwaltet, das sogleich einige preußische zeittypisch imposante Verwaltungsbauten erhielt und eine Beamtenschaft in prächtigen Uniformen. Darüber wirkte noch ein Oberpräsidium in Kiel, das aber 1879 auch nach Schleswig verlegt wurde. Die Provinz, zu der auch noch das heutige Nordschleswig gehörte, hatte 20 Land- und Stadtkreise, und 1876 kam noch der Kreis Herzogtum Lauenburg hinzu. Eine neue Gemeindeordnung brachte gemeinsames Recht für beide ehemalige Herzogtümer. Dabei ließ Bismarck aber bei allem preußischen Vereinheitlichungsstreben viel Flexibilität walten; so durften die Dithmar-

Reichskanzler Bismarck, Bild im Bismarck-Museum Friedrichsruh (Foto: Museum)

scher ihr traditionelles Kirchspielsystem beibehalten.

Vieles an dem neuen Staat missfiel den Schleswig-Holsteinern trotzdem. So wurde die dreijährige Wehrpflicht als so drückend empfunden, dass viele junge Männer auswanderten. Neu waren Einkommen- und Gewerbesteuer, die erhebliche Anpassung verlangten. Auch die Trennung von Verwaltung und Rechtsprechung schon auf der untersten Ebene war gewöhnungsbedürftig, obwohl längst überfällig. Die Zurückhaltung der Schleswig-Holsteiner spiegelte sich deutlich bei den Wahlen zum Parlament des Norddeutschen Bundes im Februar 1867 wider. In den neun Wahlkreisen hatte kein preußenfreundlicher Kandidat Erfolg; in sieben siegten Kandidaten der schleswig-holsteinischen Vereine, d.h. Anhänger Friedrichs von Augustenburg, und in den zwei nördlichsten Wahlkreisen waren es Vertreter des Dänentums, dessen Stimmenanteil bei Reichstagswahlen im gesamten 19. Jahrhundert nur 1887 knapp unter 7 Prozent lag.

Die wirtschaftliche Entwicklung ging jetzt mit großen Schritten voran, nicht etwa, weil die Preußen viel tüchtiger oder dem Land freundlicher gesonnen gewesen wären als die Dänen, sondern weil es ohnehin Gründerzeit war. Hunderte von Kilometern Eisenbahn wurden gebaut, ausnahmslos durch private Gesellschaften, die erst gegen Ende des Jahrhunderts verstaatlicht wurden. Der Eiderkanal mit sechs Schleusen wurde 1895 durch den 98,7 km langen, aber 400 Seemeilen um Skagen sparenden Kaiser-Wilhelm-Kanal, später Nord-Ostsee-Kanal, mit nur noch zwei Schleusen in Kiel-Holtenau und Brunsbüttel ersetzt und schon 1915, vor allem für die Kriegsschiffe, verbreitert und vertieft. Er hat jetzt eine Wasserspiegelbreite von 162 m, eine Sohlenbreite von 90 m und eine Fahrwassertiefe von 11 m (im Zeitpunkt der Genehmigung: 60/26/8,5 m). Immer öfter stellt die Durchfahrtshöhe von 42 m unter den Hochbrücken ein Hindernis dar. An mehreren Biegungen und Ausweichstellen wird er zur Zeit erweitert, weil die immer

Die „Spinning Jenny“ im Museum für Tuch und Technik in Neumünster (Foto: Museum)

Mechanisierung der Landwirtschaft: alter Mähdrescher im Landwirtschaftsmuseum Meldorf (Foto: Museum)

größeren Containerfrachter und Kreuzfahrtschiffe das erfordern. Der Schiffbau in Lübeck, Kiel und Flensburg, aber auch in kleineren Orten hatte Konjunktur. Eisengießerei, Textil- und Lederindustrie nahmen einen Aufschwung, allerdings oft zum Nachteil des Handwerks, aus dem sich andererseits manch industrieller Zulieferbetrieb entwickelte. Im Jahr 1905 baute man gar in Lübeck ein Hochofenwerk, in einem völlig rohstofflosen Land, aber auf halbem (See-)Weg zwischen den Eisenerzbergwerken in Schweden und den Kohlegruben im Ruhrgebiet. Es existierten auch blühende Mikrostrukturen in der Wirtschaft: Auf dem Schleswiger Holm gab es noch 40 Fischer (heute 5), die mit einem Privileg des Dänenkönigs autonom über den jeweiligen Ort für die Nachtfischerei entscheiden konnten; in Eckernförde arbeiteten um 1900 über 30 Räuchereien (heute 2) mit je 8 bis 12 Beschäftigten, die damals wie heute die „Kieler" Sprotten herstellten und zwei Dampfsägereien beschäftigten, die Versandkisten lieferten. Neumünster, das schon „Manchester des Nordens" genannt wurde, bot in seiner Textilindustrie Tausende von Arbeitsplätzen. Durch den erleichterten Absatz auf den neuen Verkehrswegen konnten die Erzeugnisse von Landwirtschaft und Fischerei nicht nur konserviert, sondern auch frisch auf weit entfernte Märkte gebracht werden. Dadurch entwickelte sich die Fischerei über Salz- und Trockenfisch hinaus überhaupt erst zu einem Wirtschaftszweig von überörtlicher Bedeutung. So gab es in Schleswig-Holstein die folgenden Zahlen von Berufsfischern (in Klammern: Gelegenheitsfischern): 1872: 15 (197); 1883/84: 52 (740); 1904: 215 (210); 1913: 499 (227). Zugleich setzten Mechanisierung und Chemisierung der Landwirtschaft viele Arbeitskräfte frei. Das und die Entwicklung von Handel und anderen Dienstleistungen führten zu Land-Stadt-Wanderungen und schnellem Wachstum der Städte. Kiel hatte 1871 noch 31.764 Einwohner, 1900 waren es 107.977 und 1910 gar 211.627, wobei allerdings neben den allgemeinen Faktoren auch der Aufbau des Reichskriegshafens erheblich mitwirkte. Statt der traulichen Arbeitersiedlungen der Güter und der landwirtschaftlichen Kleinindustrie führte der Arbeiterwohnungsbau nun zu großstädtischen Vororten. Hier entwickelten sich Gewerkschaftsbewegung und Sozialdemokratie. Die SPD war dementsprechend auch zum 1. Weltkrieg die stärkste politische Partei in Schleswig-Holstein – trotz der sie behindernden „Sozialistengesetze", die von 1878 bis 1890 galten.

Einen relativ typischen Lebenszyklus für Industriebetriebe hatten die Alsen'schen Cement-Fabriken in Itzehoe: Schon 1737 wurden Kreidevorkommen in Lägerdorf erwähnt, aber erst 1827 begann der Abbau. Um 1850 gab es acht Kreidemühlen mit je zwei bis vier Arbeitern; daraus entstand ab 1850 eine Zementindustrie. Sie wurde 1863 nach Itzehoe verlagert, weil dort ein Hafen und ein Bahnhof leichteren Abtransport der Produkte ermöglichten. Im Jahr 1888 hatten die Alsen'schen Portland-Cement-Fabriken über 1.000 Beschäftigte und waren das größte Unternehmen der Branche auf der Welt. Es herrschten typisch patriarchalische Verhältnisse: werkseigene Läden, Krankenkasse, Gesellschaftshaus und Gesangverein sowie Zwangssparen für die Altersversorgung. Und 1992 wurde alles stillgelegt.

Die Entwicklung der Wirtschaft zeigte ein Süd-Nord-Gefälle. Um Hamburg herum war sie am stärksten, und im ehemaligen Herzogtum Schleswig fand, mit Ausnahme von Flensburg, nur sehr wenig statt. Im Süden konnten die aus der Landwirtschaft entlassenen Arbeitskräfte am ehesten ein Auskommen in der Industrie finden, im Norden war für viele die Auswanderung der einzige Ausweg.

Die Auswanderung von Schleswig ins Ausland hatte aber oft auch politische Gründe, und zwar kulturpolitische. Bis 1864 gab es in Schleswig zu viele Deutsche und ab 1864 zu viele Dänen. Die Minderheiten waren immer so groß, dass sie Organisationen gründen und damit die Konflikte mit der Mehrheit nicht nur sichtbar, sondern auch noch größer machen konnten. Das verführte die Mehrheit zu einer Politik systematischer, oft zwangsmäßiger Integration. Aber so wie die Dänisierungspolitik in der ersten Hälfte des Jahrhunderts gescheitert war, so misslang die Germanisierungspolitik in der zweiten. Im Friedensvertrag zwischen Preußen und Österreich von 1866 sagte nämlich Art. V, dass der nördliche Teil Schleswigs an Dänemark abzutreten sei, wenn die Bevölkerung das in freier Abstimmung wünsche. Bismarck hatte die Bestimmung auf Verlangen Napoleons III. aufnehmen lassen, aber als sich nun Vereinigungen der dänischen Minderheit darauf beriefen, suchte er jahrelang Ausflüchte. Gleichzeitig wurde Deutsch als Amts-, Gerichts- und Schulsprache (mit Ausnahme von nur vier Stunden Religion pro Woche) als einzige Sprache zugelassen. Der Rechtsanspruch der dänisch-deutschen Minderheit entfiel, als Preußen und Österreich den Art. V im Jahre 1878 aufhoben. Aber der Kultur- und damit Grenzkonflikt schwelte weiter. Es gab dänische Sport-, Spar-, Jugend-, Kultur-, Schul-, Sprach-, Musik- und Wählervereine, und als die deutschen Behörden die Gaststätten drängten, diesen Vereinen keine Räume zu vermieten, bauten die Dänen eigene Versammlungshäuser, die nun erst recht zu Zentren des Dänentums wurden. Auch die Volkshochschulbewegung wurde dazu eingespannt.

Die patriotische Hochstimmung im Krieg von 1870/71 und im 1. Weltkrieg, in dem Dänemark neutral blieb, minderte die Abneigung vieler Schleswig-Holsteiner gegenüber Preußen und führte zur Identifikation mit ihm, zumal ja nun auch Loyalität zum Reich entwickelt werden musste. Besonders vaterländisch gaben sich die Reservistenvereinigungen. Ihre schwarz-weiß-roten Fahnen waren mal „für König und Vaterland", mal „für Kaiser und Reich". Für alle zusammen mussten 58.000 Schleswig-Holsteiner ihr Leben lassen. Die Loyalität wurde auf eine harte Probe gestellt, als in Kiel im November 1918 eine Revolte von Matrosen der Kriegsmarine zu einem reichsweiten Aufstand wurde und am 9.11.1918 zur Ausrufung der Republik in Berlin führte.

Am 26.6.1919 wurde Frieden geschlossen durch den Versailler Vertrag, der in den Art.

So wurde noch in der 1. Hälfte des 20. Jahrhunderts operiert: Operationssaal im Dithmarscher Landesmuseum in Meldorf (Foto: Museum)

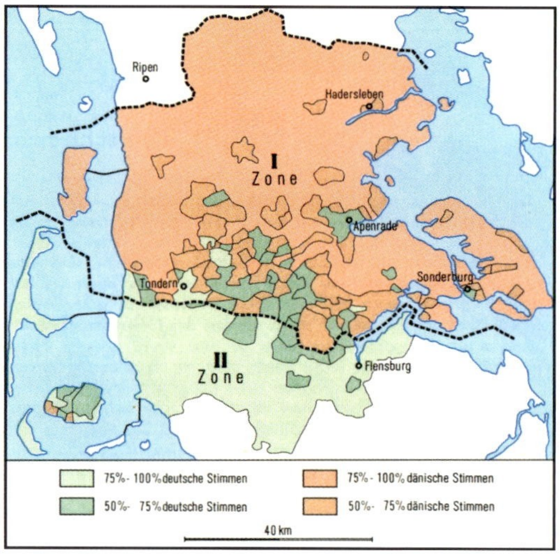

Die Ergebnisse der Abstimmung 1920. Archiv Boyens Buchverlag

109 bis 114 festlegte, dass in Nordschleswig eine Volksabstimmung über die staatliche Zugehörigkeit entscheiden solle. Nachdem auf allen Ebenen heftig um das Überhaupt und das Wie der Abstimmung gekämpft worden war, wobei auch das hier nicht unbedingt passende „up ewig ungedeelt" aus dem Ripener Vertrag von 1460 ins Feld geführt wurde, fand die Abstimmung unter internationaler Aufsicht und unter dem Schutz britischer und französischer Truppen am 10.2.1920 in der 1. Zone statt. Diese umfasste im Wesentlichen das heutige Nordschleswig, dänisch Sønderjylland, und endete im Süden an der heutigen Staatsgrenze. Trotz deutscher Mehrheiten in einigen Städten war das Gesamtergebnis: drei Viertel für Dänemark (75.431 Stimmen), ein Viertel für Deutschland (25.329 Stimmen). Am 14.3.1920 fand die Abstimmung in der 2. Zone statt, die südlich an die erste anschloss und das Südufer der Flensburger Förde, Flensburg selbst und dann ein Gebiet von Oeversee und nördlich von Bredstedt einschließlich der Inseln Sylt, Föhr und Amrum umfasste.

König Christian X. reitet über die Grenze und nimmt seinen neuen Landesteil in Besitz: Gemälde von Alfred V. Jensen im Museum Sønderborg Slot (Foto: Museum)

Hier lautete das Ergebnis: vier Fünftel für Deutschland (51.724 Stimmen), ein Fünftel für Dänemark (12.800 Stimmen). Auf beiden Seiten gab es Proteste gegen die damit zu erwartende Grenze. Diese wurde trotzdem am 20.5.1920 festgelegt, womit Schleswig-Holstein etwa ein Fünftel seiner Fläche und etwa 160.000 Einwohner verlor. Am 10. Juli 1920 ritt der dänische König Christian X. auf einem Schimmel durch die Königsau und nahm sein neues Staatsgebiet symbolisch in Besitz. In Dänemark wurde die Übernahme Nordschleswigs als genforenig (Wiedervereinigung) bezeichnet. Auch wenn es beiderseits der Grenze weiterhin nationale Minderheiten gab und gibt, wurde die Grenze nicht mehr verschoben, selbst von den Nationalsozialisten nicht.

Sozial und politisch begann eine Zweiteilung der Bevölkerung. Berufssituation, Einkommensverteilung und Wohnungs- und Städtebau trennten die Einwohner zunehmend in eine Bürger- und eine Arbeiterschicht. Die rasche Industrialisierung und die Entlassungen in der Landwirtschaft führten zu einer starken Linken: Bei den Wahlen zur Nationalversammlung 1919 wurde die SPD mit 46 Prozent der Stimmen stärkste Partei, die Deutsche Demokratische Partei (DDP, linksliberal) mit 27 Prozent zweitstärkste. Das änderte sich aber schnell. Denn durch landwirtschaftliche Krisen (die dabei entstandene Landvolk-Bewegung hielt auch Straftaten für legitime Protestmittel, umfasste etwa 100.000 Anhänger und wurde zur Vorschule der NSDAP), allgemeine wirtschaftliche Schwierigkeiten (Inflation, Notgeld in fast allen Gemeinden), die Abstimmung in Nordschleswig und ihre Folgen erstarkte die Rechte immer mehr. Bei den Reichstagswahlen 1924 erreichte die SPD 30,3 %, die DDP 8,7 %, die KPD 6,7 %, die Deutsch-Nationale Volkspartei (DNVP) 33,0 % und die NSDAP 2,7 % der Stimmen. Bei der Reichstagswahl 1930 sah es schon anders aus: SPD 28,8 %, DDP 4,7 %, KPD 10,6 %, DNVP 6,1 %, NSDAP 27,0 %. Bei der Reichstagswahl am 6.11.1932 gab es in der Provinz folgendes Ergebnis: SPD 24,7 %, DNVP 10,3 %, NSDAP 45,7 %, Sonstige 19,3 % (im Reich: 20,4 %, 8,0 %, 33,1 %, 38,5 %). Im März 1933 war die Radikalisierung nach rechts noch mehr fortgeschritten: SPD 22,2 %, DVP 1,3 %, KPD 10,7 %, DNVP 10,1 %, NSDAP 53,2 %. Die geschickte und intensive Propaganda der Nationalsozialisten erreichte nicht nur Bauern und Kleinbürger, sondern auch Ärzte, Geistliche, Anwälte und andere Akademiker. Schleswig-Holstein hatte 1933 im ganzen Reich den höchsten Anteil an NSDAP-Stimmen. Schon 1935 war jeder 18. Einwohner des Landes Mitglied der NSDAP. Der Gauleiter der Partei wurde auch Oberpräsident der Provinz. Alle Institutionen wurden zuerst unterwandert und dann übernommen, „gleichgeschaltet“ oder verboten. Die evangelisch-lutherische Landeskirche, deren Pastoren schon 1932 zu einem Viertel der NSDAP angehörten, schwenkte fast ganz auf die neue Richtung um. Widerstand war äußerst selten und wurde hauptsächlich von ehemaligen Mitgliedern der Arbeiterbewegung, der Sozialdemokraten und der Kommunisten gezeigt, vor allem durch Schleusung politischer Flüchtlinge nach Skandinavien, darunter auch Willy Brandt. Die Christian-Albrechts-Universität in Kiel verstand sich als „Stoßtrupp-Universität“ bei der Vertreibung jüdischer und politisch missliebiger Professoren und der Berufung von nationalsozialistischen Dozenten. Ministerpräsident Preußens war von 1933 bis 1945 der nationalsozialistische Reichs-Postensammler Hermann Göring,

Landwirtschaftliche Nebengewerbe führten selten zu Wohlstand: Wohnung eines Dorfschmiedes im Landwirtschaftsmuseum Meldorf (Foto: Museum)

der dieses Amt leicht nebenbei verwalten konnte, weil im Dritten Reich ohnehin nur die Zentralgewalt etwas zu sagen hatte. Diese konnte auch regionalpolitisch drastisch vorgehen. Durch das Groß-Hamburg-Gesetz von 1937 schlug sie der Hansestadt Altona, Schleswig-Holsteins größte Stadt und früher zweitgrößte Stadt des dänischen Gesamtstaates, mit vielen weiteren Randgemeinden zu; Schleswig-Holstein erhielt Lübeck als neuen Stadtkreis und den Landesteil Lübeck von Oldenburg als neuen Landkreis Eutin – planerisch sicherlich vernünftig. Schleswig-Holstein wurde zum nationalsozialistischen Mustergau und blieb es bis zum Ende des 2. Weltkriegs.

Als dazu noch durch die Aufrüstung der Werftindustrie und die ernährungspoliti-

Betsaal einer ehem. Synagoge im Jüdischen Museum Rendsburg (Foto: Museum)

Thora-Rolle im Jüdischen Museum Rendsburg (Foto: Museum)

sche Förderung der Landwirtschaft sowie durch hemmungslos auf Kredit finanzierte Sonderprogramme die Arbeitslosigkeit 1938 auf 1,3 Prozent sank (von 79.738 Arbeitslosen 1933 auf 1.734 im Jahre 1938; im Bezirk Rendsburg gab es im März 1932 noch 5.047 Arbeitslose, im März 1939 nur 8), sah man auch bereitwillig über Judenmord, Konzentrationslager, mehr als 200.000 ausländische Zwangsarbeiter und Gesinnungsterror hinweg. In Schleswig-Holstein hatten sich erst ab dem Ende des 16. Jahrhunderts Juden niedergelassen. Die Verfolgungen des Mittelalters hatte es hier also nicht gegeben. Trotzdem äußerten sich Vorurteile in Berufsverboten, Beschränkungen der Freizügigkeit, Ausschluss von den Zünften und politischer Rechtlosigkeit. So mussten die Mitglieder der 1685 mit Genehmigung des Grafen Detlev von Rantzau gegründeten jüdischen Gemeinde Elmshorn ab 1727 Schutzgeld zahlen und ein Haus bauen oder kaufen, was ab 1736 auch für Kinder Elmshorner Juden ab 16 Jahre galt; andernfalls mussten sie die Stadt verlassen. Erst 1842 wurden alle Extrasteuern abgeschafft, und erst 1869 wurden sie bei Wahlen gleichberechtigt mit den christlichen Bürgern. In der „Reichskristallnacht“ am 9./10.11.1938 wurden alle bis auf einen männlichen Juden aus Elmshorn vorübergehend in Konzentrationslagern gefangengehalten. 1945 gab es keine jüdische Gemeinde mehr.

Toleranter war man im 18. und 19. Jahrhundert allerdings in einigen Städten, so z.B. Altona, Glückstadt und Friedrichstadt. In den heutigen Grenzen, also ohne die 1937 nach Hamburg eingemeindeten Vororte, wurden während der nationalsozialistischen Herrschaft etwa 2.000 Glaubens- und Rassejuden verfolgt, von denen nur etwa die Hälfte mit dem Leben davonkam. Durch die Zuwanderung aus den GUS-Staaten konnten sich im Lande wieder acht Gemeinden bilden.

In Schleswig-Holstein gab es kein Konzentrationslager, aber mehrere Außenstellen des KZ Neuengamme (Hamburg), so in Husum-Schwesing, Lütjenburg-Hohwacht, Mölln und Kaltenkirchen. Die Außenstelle Ladelund bestand nur vom 1.11. bis 16.12.1944. In dieser Zeit wurden aber von den etwa 2.000 Häftlingen über 300 umgebracht. Unter ihnen waren 110 Racheopfer von Wehrmacht und SS, die am 2.10.1944 in Putten (Niederlande) 661 Männer als Vergeltung für einen Partisanenüberfall verhaftet und nach Deutschland zur Zwangsarbeit verschleppt hatten, einen Teil auch nach Ladelund. Von diesen kehrten nur 49 nach Putten zurück.

Im Krieg waren Kiel erstmals 1940, Lübeck 1942 und dann einige andere Industriestädte Ziel alliierter Bombenangriffe. Kieler Wohngebäude waren am Kriegsende zu über 80 Prozent zerstört. Im Übrigen aber blieb das Land vom Krieg relativ unberührt. Deshalb wurde es auch in den letzten Kriegswochen zum Ziel vieler Flüchtlingstrecks

Lübeck 1942 nach einem Bombenangriff (Foto: Museum St. Annen)

Museum Eckernförde: Notzeitmobiliar nach dem Zweiten Weltkrieg (Foto: Museum)

und -transporte (die Kriegsmarine brachte ab 1944 etwa 2,5 Millionen Menschen aus dem Baltikum und Ostdeutschland nach Schleswig-Holstein und Dänemark) aus dem Osten, von deutschen Truppen auf dem Rückzug, von Nazi-Funktionären auf der Flucht und auch von der letzten Reichsregierung unter Hitlers Nachfolger als Reichskanzler, dem Großadmiral Dönitz, die ab 1.5.1945 von der Marine-Schule in Flensburg-Mürwik aus regierte. Sie ließ eine Woche später die Kapitulation unterzeichnen und wurde am 23.5.1945 von britischen Soldaten verhaftet.

Dann übernahm eine britische Militärregierung, ab 1946 durch eine zivile Besatzungsregierung abgelöst, die Macht im Lande und gab sich große Mühe, die dringendsten Probleme zu lösen. Durch die Flüchtlinge hatte sich die Bevölkerungszahl in den Nachkriegsjahren fast verdoppelt. Es fehlte also an Wohnraum, zumal ein Teil der ansässigen Bevölkerung ausgebombt war. Viele Einheimische mussten mehr als die Hälfte ihres bisherigen Wohnraums zur Verfügung stellen und Küche, Toilette und Bad mit zwei oder drei anderen Familien teilen. Die Versorgung mit Nahrungsmitteln, Brennmaterial und Kleidung war kein geringeres Problem. Die Praxis der Lebensmittelkarten aus dem Krieg wurde fortgesetzt. Wer keine bekam oder wer mit den zugeteilten Mengen nicht auskam, musste sich auf dem Schwarzmarkt versorgen. Die folgenden Angaben aus dem Jahr 1947 nennen zuerst den Preis (in Reichsmark) für Ware auf Lebensmittelkarte und in Klammern den Preis für die entsprechende Menge auf dem Schwarzmarkt in Elmshorn: 1 kg Fleisch 2,20 (60–80); 1 kg Brot 0,37 (20–30); 1 kg Kartoffeln 0,12 (12); 1 kg Butter 4,– (350–550). Die „Schulspeisung“ sollte dafür sorgen, dass die Kinder wenigstens einmal am Tag eine

Der wichtigste Bestandteil der Toilette vor Bau der Kanalisation: der Fäkalieneimer, im Museum Eckernförde (Foto: Museum)

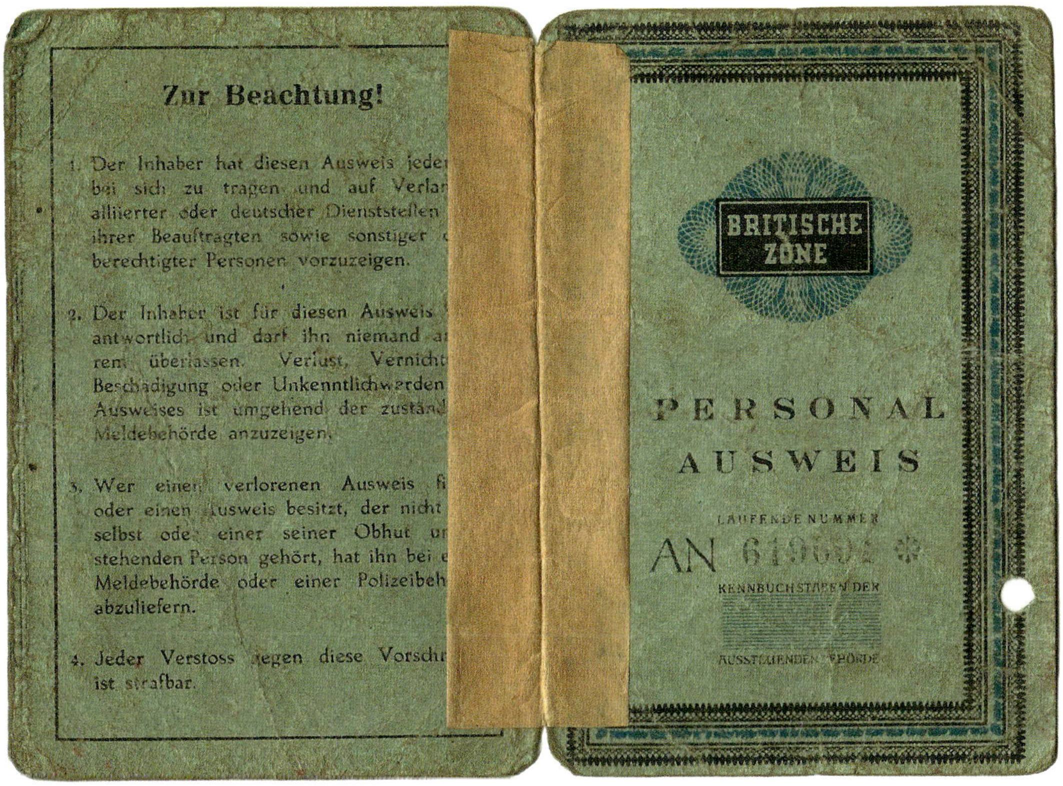

Eine administrative Notwendigkeit vor aller Staatlichkeit: Personalausweis der Britischen Zone (Foto: Museum Rendsburg)

warme Mahlzeit bekamen. Aus amerikanischen, britischen, dänischen u.a. Spenden wurden zumeist Suppen von 350 Kalorien pro Kind ausgegeben. Es war kein Wunder, dass die Zugewanderten häufig auf Ablehnung stießen. Eine häufige Redensart war: „Aus dem Osten kommt nichts Gutes. Daher kommen der kalte Wind, die Russen und die Flüchtlinge."

Zur Bewältigung der Probleme musste die Besatzungsmacht, zumindest auf Orts- und Kreisebene, in großem Umfang auch Deutsche heranziehen. Die Entnazifizierung wurde daher oft großzügig oder oberflächlich betrieben. Schon im Herbst 1945 wurde in Kiel auch der Anfang einer Landesverwaltung gebildet; Schleswig erhielt zum Ausgleich die oberen Gerichte. Als Oberpräsident wurde Theodor Steltzer eingesetzt, ehemaliger Landrat, Offizier und wegen Widerstands Verfolgter in der Nazi-Zeit. Zugleich durften sich auch politische Parteien wieder gründen. Im Jahre 1945 fanden Kommunalwahlen statt. Auf Grund von deren Ergebnis setzte die Besatzungsregierung Ende 1946 einen Landtag zusammen. Damals zeigte sich schon das dann langfristig bestehende Parteienspektrum: Auf der linken Seite als stärkste und nach dem KPD-Verbot einzige Partei die SPD; eher rechts war die CDU als stärkste Partei mit der FDP und der DP (Deutsche Partei, die in den 50er Jahren unterging) sowie dem BHE (Bund der Heimatvertriebenen und Entrechteten, der in den 60er Jahren verschwand). Das änderte sich auch nicht durch die Landtagswahlen 1947. Da die Militärregierung ab August 1946 die Bildung von Ländern erlaubt hatte, bildete die SPD die erste Landesregierung. Hermann Lüdemann wurde der erste Ministerpräsident, der nun den Oberpräsidenten ersetzte. Mit dem Kontrollratsgesetz Nr. 46 vom 25.2.1947 wurde Preußen aufgelöst, so dass Schleswig-Holstein spätestens dann nicht mehr preußische Provinz war.

Schleswig-Holstein als Bundesland

Volkskunde-Museum Schleswig
Austellungen zum Wohnen in der Nissenhütte, Programm Nord seit 1953, Olympische Spiele 1972, Atomkraftwerk Brokdorf, Aufbau der Bundeswehr, Industrie in der 2. Hälfte des 20. Jahrhunderts, Regierungskrise Barschel. Im Nebengebäude beim Café: Kaufmannsladen und Eiscafé der 50er Jahre.

Museet på Sønderborg Slot
In Raum 28 findet man Darstellungen zur Situation der dänischen Minderheit in der Nachkriegszeit.

Kreismuseum im Herrenhaus Ratzeburg
Im Obergeschoss ist eine Darstellung von Erinnerungen an die innerdeutsche Grenze zu sehen und eine Ausstellung von mechanischen Musikgeräten. Dazu: Lebensgefühl der 50er Jahre.

Möllner Museum Historisches Rathaus
Besonders informativ ist eine Multimediaschau über das Leben in der Nachkriegszeit. Dazu: Wohnen in den 50er Jahren, eine Nachwuchsband aus den 60er Jahren, Berufsalltag im 20. Jahrhundert im Vergleich zum 19. Jahrhundert.

Museum Eckernförde
Man findet u.a. Möbel der Nachkriegszeit, z.T. aus Munitionskisten gebaut; Flüchtlings„ausrüstung": Handwagen, Koffer, Rucksack; typische Kleidung der Nachkriegszeit; Lebensmittelkarten.

Kreismuseum Prinzesshof Itzehoe
Gezeigt wird die Lebenssituation in der Nachkriegszeit: Ernährung, Heizung, Kleidung, dann aber auch der Wiederaufbau bis hin zum ersten Fernsehen.

Museum Tuch und Technik, Textilmuseum Neumünster
Gezeigt werden in einzelnen Zeitabschnitten von 8.000 v. Chr. bis 2007 n. Chr. die parallelen Entwicklungen von (kommunal-)politischen Ereignissen und Tuchherstellung. Die allgemeine Geschichte und die Industrieproduktion werden durch Zeittafeln übersichtlich erklärt, die entsprechenden Werkzeuge, Maschinen und Produkte illustrieren das. Ein Fachmann führt dienstags bis freitags um 11 und 15 Uhr, samstags und sonntags um 13, 15 und 17 Uhr Maschinen bei der Arbeit vor und steht zwischendurch für Fragen zur Verfügung. Weitere Themen: Mitgift, Gilden, Eisenbahnen, Verkäuferverhaltensregeln. Textilienverkauf, Kurzfilme. Im Obergeschoss eine Abteilung zur Textilforschung.

Für einen Ausflug zu unseren östlichen Nachbarn:
Grenzhus Schlagsdorf
Das Museum knapp hinter der mecklenburgischen Grenze schildert das Leben an der BRD/DDR-Grenze aus der Sicht eines Bundesbürgers, eines Grenzsoldaten der DDR und eines sog. Republikflüchtigen.

Schleswig-Holstein konnte trotz Landtagswahl 1947 noch kein Bundesland sein; denn es gab noch keinen Bund. Es gab daher nur eine provisorische Landesverfassung, aber zu tun gab es genug. So war für Wohnung für die vielen Flüchtlinge zu sorgen; als Notmaßnahme wurden Nissenhütten, nach dem Kanadier P. N. Nissen benannte halbzylindrische Wellblech-Unterkünfte mit Endstücken aus Brettern oder leichtem Mauerwerk, gebaut. Um eine gerechte Lebensmittelversorgung zu gewährleisten, wurden die seit Beginn des Krieges bekannten Lebensmittelkarten weiter benutzt, von den örtlichen Behörden ausgeteilte Gutscheine, die für die Grundnahrungsmittel genau angegebene Mengen, je nach Kalorienbedarf (Kinder, Leichtarbeitende, Schwerarbeiter), zuteilten, die man im Laden gegen Abgabe der Abschnitte erwerben konnte. Die Ordnungskräfte mussten durch häufige Razzien den Schwarzhandel bekämpfen. Allerlei Tauschgeschäfte (Pelzmantel gegen Steckrüben; dabei wurde mancher Bauer wohlhabend), „Nachstoppeln“ (Absuchen eines abgeernteten Kartoffelfeldes nach liegengebliebenen Früchten), illegale Holzsuche im Wald und alle Arten von Diebstahl, sogar von Ziegelsteinen oder Rohrstücken aus Ruinen, waren gang und gäbe.

Eine entscheidende Verbesserung brachte die Währungsreform, die am 20./21.6.1948 die Reichsmark (RM) durch die Deutsche Mark (DM) ersetzte. An diesem Tag erhielt jede Person 40 DM gegen 40 RM, und am nächsten Tag gab es in den Geschäften Waren, von denen man vorher nur träumen konnte. Damit war Schwarzgeld vom Markt, die Inflation war gebremst, Warenhortung entfiel, eine geordnete Wirtschaftsentwicklung, ohne Lebensmittel- und Kleiderkarten, mit normalem Markt konnte beginnen und damit das sog. Wirtschaftswunder. Die Arbeitslosigkeit, die nach der Währungsreform zuerst angestiegen war (1950 betrug die Arbeitslosenquote fast 30 Prozent), sank innerhalb der 50er Jahre um 90 Prozent auf etwa 20.000 Personen (Arbeitslosenquote 2,6 Prozent).

Am 23.5.1949 wurde das Grundgesetz verkündet, und danach bildete sich die Bundesrepublik Deutschland. Damit wurde Schleswig-Holstein richtiges Bundesland. Das Land erhielt nun Ausgleichszahlungen von den finanzstärkeren Bundesländern, die in manchen Jahren die Hälfte der Landeseinnahmen bildeten. Nicht zuletzt dadurch sowie durch Sonderprogramme des Bundes (z.B. Zonenrandprogramm, Grüner Plan) beschleunigte sich die Entwicklung. Dabei wirkte auch das European Recovery Program, nach seinem Initiator, dem damaligen US-Außenminister, auch Marshall-Plan genannt, durch seine ERP-Kredite und Sachlieferungen mit. In einem gewissen logischen Widerspruch dazu liefen aber die Demontagen und Sprengungen ehemals kriegswichtiger Industrieanlagen bis 1950 weiter. Aber die große Nachfrage und die Arbeitsbereitschaft der Bevölkerung, nicht zuletzt auch der Flüchtlinge, trieben die positive Entwicklung vorwärts. Moderne Industrien entstanden, auch der traditionelle Schiffbau konnte sich durch Spezialisierung im weltweiten Wettbewerb behaupten, so die FSG Flensburg mit Fähren, Lindenau mit Doppelhüllentankern und HDW mit Brennstoffzellen-U-Booten. Deshalb musste Schleswig-Holstein 1995 erstmals beim Länderfinanzausgleich einzahlen. Das Programm Nord führte 1953 zur Kultivierung von Moorböden und anderen Meliorationen und damit zu einigen tausend neuen, inzwischen aber verschwundenen (Klein-)Bauernhöfen, vornehmlich für Flüchtlinge. Die gesamte Landwirtschaft wurde durch Spezialisierung auf nur wenige Produkte je Hof, durch Chemisierung (Unkraut und Schädlingsbekämpfungsmittel, Kunstdünger) und Mechanisierung (die komplizierten und teu-

Nachkriegsnotbehelf für den Transport von Milch aus dem Kuhstall zur Molkerei, im Landwirtschaftsmuseum Meldorf (Foto: Museum)

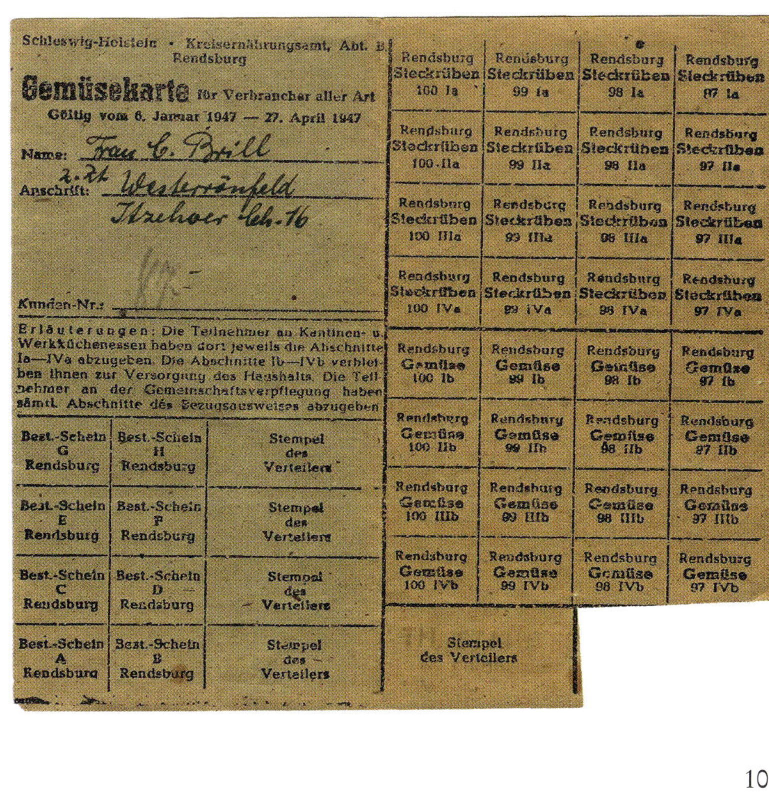

Schleswig-Holstein • Kreisernährungsamt, Abt. B
Rendsburg

Gemüsekarte für Verbraucher aller Art
Gültig vom 6. Januar 1947 — 27. April 1947

Name: Frau C. Brill
Anschrift: z. Zt. Westerrönfeld
Itzehoer Ch. 16

Kunden-Nr.:

Erläuterungen: Die Teilnehmer an Kantinen- u. Werkküchenessen haben dort jeweils die Abschnitte Ia—IVa abzugeben. Die Abschnitte Ib—IVb verbleiben ihnen zur Versorgung des Haushalts. Die Teilnehmer an der Gemeinschaftsverpflegung haben sämtl. Abschnitte des Bezugsausweises abzugeben

Best.-Schein G Rendsburg	Best.-Schein H Rendsburg	Stempel des Verteilers
Best.-Schein E Rendsburg	Best.-Schein F Rendsburg	Stempel des Verteilers
Best.-Schein C Rendsburg	Best.-Schein D Rendsburg	Stempel des Verteilers
Best.-Schein A Rendsburg	Best.-Schein B Rendsburg	Stempel des Verteilers

Rendsburg Steckrüben 100 Ia	Rendsburg Steckrüben 99 Ia	Rendsburg Steckrüben 98 Ia	Rendsburg Steckrüben 97 Ia
Rendsburg Steckrüben 100 IIa	Rendsburg Steckrüben 99 IIa	Rendsburg Steckrüben 98 IIa	Rendsburg Steckrüben 97 IIa
Rendsburg Steckrüben 100 IIIa	Rendsburg Steckrüben 99 IIIa	Rendsburg Steckrüben 98 IIIa	Rendsburg Steckrüben 97 IIIa
Rendsburg Steckrüben 100 IVa	Rendsburg Steckrüben 99 IVa	Rendsburg Steckrüben 98 IVa	Rendsburg Steckrüben 97 IVa
Rendsburg Gemüse 100 Ib	Rendsburg Gemüse 99 Ib	Rendsburg Gemüse 98 Ib	Rendsburg Gemüse 97 Ib
Rendsburg Gemüse 100 IIb	Rendsburg Gemüse 99 IIb	Rendsburg Gemüse 98 IIb	Rendsburg Gemüse 97 IIb
Rendsburg Gemüse 100 IIIb	Rendsburg Gemüse 99 IIIb	Rendsburg Gemüse 98 IIIb	Rendsburg Gemüse 97 IIIb
Rendsburg Gemüse 100 IVb	Rendsburg Gemüse 99 IVb	Rendsburg Gemüse 98 IVb	Rendsburg Gemüse 97 IVb

Stempel des Verteilers

Gemüsekarte aus dem Kreis Rendsburg 1947, im Historischen Museum Rendsburg (Foto: Museum)

Typischer Krämerladen aus der Nachkriegszeit im Museum Eckernförde (Foto: Museum)

ren Maschinen zusammen mit dem Land machen viele Landwirte zu Vermögensmillionären, aber das Einkommen eines Facharbeiters für jeden Bauern ist weiterhin Ziel der Agrarpolitik) viel produktiver. Trotzdem trägt die Landwirtschaft im „typischen Bauernland" Schleswig-Holstein nur noch 1,6 Prozent (2005) zum Bruttosozialprodukt bei, die Dienstleistungen dagegen über 75 Prozent. Auch die schrittweise wirtschaftliche Vereinigung Europas hatte ihre vorteilhaften Wirkungen, allerdings nicht überall. Die Textilindustrie in Neumünster, die schon unter der erhöhten Konkurrenz zu leiden hatte, als Schleswig-Holstein als preußische Provinz in den deutschen Zollverein kam, hatte es schwer im Wettbewerb mit Italien; 1991 schloss die letzte Textilfabrik.

Politisch gab es mehrfachen Wechsel. Nachdem die SPD die beiden ersten Landtagswahlen gewonnen hatte und mit absoluter Mehrheit regieren konnte, war ab 1950 die CDU stärkste Partei. Teils allein, teils in wechselnden Koalitionen mit FDP, DP und BHE regierte sie bis 1987. Obwohl sie in diesem Jahr die Wahl wieder gewann, musste ihr Ministerpräsident Dr. Dr. Uwe Barschel zurücktreten, weil bekannt wurde, dass er seinen Gegenkandidaten Björn Engholm, SPD, mit unehrenhaften bis illegalen Methoden behindert hatte. In der Nachwahl siegte die SPD, und Engholm wurde Ministerpräsident, 1992 bestätigt, bis er 1993 zurücktreten musste, weil er in der Barschel-Affäre eine Falschaussage gemacht hatte. Nachfolgerin wurde Heide Simonis, die zuerst mit der SPD allein regierte und ab 1996 mit Bündnis 90/Die Grünen eine Koalitionsregierung bildete. Sie wurde, obwohl die SPD die Wahl 2005 knapp gewonnen hatte, nicht wieder Ministerpräsidentin, weil ein Mitglied ihrer Fraktion ihr die Stimme verweigerte. Daraufhin wurde Peter Harry Carstensen, CDU, Ministerpräsident einer Koalitionsregierung mit der SPD; nach der

Landtagswahl am 27.9.2009 bildete er eine Koalitionsregierung mit der FDP.

Im Rahmen der politischen Entwicklung nach dem 2. Weltkrieg wurde die über 130 km lange Grenze zur Sowjetischen Besatzungszone, der späteren DDR, immer dichter. Lübeck wurde dadurch von einem großen Teil seines natürlichen Hinterlandes abgeschnitten; nur Fauna und Flora profitierten davon, weil die Grenze ihnen einen optimal geschützten Lebensraum bot. Außer zwei schwer gesicherten Grenzübergängen gab es aber doch manchmal kuriose Ausnahmen, wie etwa die sog. Mülltouristik, durch die z.T. gefährlicher Müll aus dem Westen gegen viele Devisen auf eine nur mangelhaft gesicherte Deponie bei Schönberg in Mecklenburg gefahren wurde. In diesem Zusammenhang erhielt Schleswig-Holstein mit über 100.000 stationierten Soldaten die höchste Militärdichte der Bundesrepublik. Besonders in kleineren Standorten waren die Kasernen für viele Zivilbeschäftigte und Gewerbe ein sehr willkommener Wirtschaftsfaktor. Die nach der Abrüstung ab 1989 notwendige Konversion, die Umwandlung militärischer in zivile Einrichtungen, ist an vielen Orten bis heute nicht geschafft.

In der Kommunalpolitik wurde in Schleswig-Holstein in den 70er Jahren eine Funktional- und Territorialreform durchgeführt, bei der u.a. aus 16 Kreisen 11 wurden (jeweils plus vier kreisfreie Städte). Die Zahl der selbstständigen Gemeinden ist mit 1.119 (Stand: 25.5.2008) weiterhin im Vergleich mit anderen Bundesländern sehr hoch; aber 12 Städte und 1.027 kleinere Gemeinden haben sich zu 87 sog. Ämtern (in Dithmarschen auch: Kirchspielslandgemeinden) zusammengeschlossen, die die Verwaltung für ihre Mitglieder erledigen. Politische Selbstständigkeit im angestammten, überschaubaren örtlichen Bereich und administrative Kooperation in betriebswirtschaftlich zweckmäßigen größeren Einheiten ist vielleicht kein schlechtes Rezept. Trotzdem wollte die Landesregierung weiter sparen und bereitete seit 2007 eine weitere Kommunalreform – diesmal mehr auf Kreisebene – vor, die aber auf lebhaften Widerstand stieß und deshalb einstweilen ruht.

Wirtschaftlich leidet das Land noch unter demselben Süd-Nord-Gefälle wie seit mindestens 200 Jahren. Während im „Hamburger Speckgürtel" mit die höchsten Pro-Kopf-Einkommen der Bundesrepublik erzielt werden, müssen aus den Kreisen Nordfriesland und Schleswig-Flensburg Arbeitskräfte täglich bis nach Hamburg pendeln. Die Verkehrsinfrastruktur ist vergleichsweise unterentwickelt. Die Ost-West-Verbindungen sind auf der Straße minderrangig und langsam, und auf der Schiene wurden einige ganz eingestellt. An größeren Vorhaben ist eine Autobahn von Lübeck über Bad Segeberg mit einer neuen Elbquerung bei Glückstadt im Bau, und der Bau einer Fehmarnbeltbrücke für Eisenbahn und Kraftfahrzeuge ist im Endstadium der Planung. Inwieweit diese Projekte nicht nur dem Skandinavienverkehr helfen, sondern auch dem Lande dienen werden, ist noch umstritten. Immerhin ist die Arbeitslosenquote im Juni 2008 auf 7,2 Prozent gesunken. Die Weiterentwicklung ist aber ungewiss, weil zwei Mängel drohen: ein Fachkräftemangel, der sich schon jetzt abzeichnet, und ein Energiemangel, wenn nach gegenwärtiger Beschlusslage demnächst das letzte der drei Kernkraftwerke (Krümmel, Brunsbüttel und Brokdorf, um das es 1981 fast bürgerkriegsähnliche Auseinandersetzungen gab) abgeschaltet sein wird. Sehr heftig waren ab 1985 auch die Proteste, im Wesentlichen hier aber von den unmittelbar Betroffenen, gegen den Nationalpark Wattenmeer, der nun aber weitgehend akzeptiert zu sein scheint.

Touristen kommen wieder: typisches „Fremdenzimmer" der Nachkriegszeit im Museum am Meer in Büsum (Foto: Museum)

Grenzsperranlage bis 1989, Außenanlage des Schlagsdorfer Museums (Foto: Museum)

Gelungen und deshalb erfolgreich abgeschlossen ist die Integration der Flüchtlinge. Deren hohe Zahl verminderte sich schon bald dadurch, dass einige abwanderten, als Bergbau und Stahlindustrie an der Ruhr wieder Arbeitskräfte suchten, und dass danach Umsiedlungen in weniger belastete Bundesländer im Süden erfolgten. Die Verbliebenen konnten, auch wegen Entschädigungen nach dem Lastenausgleichsgesetz von 1952 und anderen Förderprogrammen, wirtschaftlich unabhängiger werden, erwiesen sich auch als so arbeitswillig und qualifiziert wie die Einheimischen, dass sie immer mehr unter diesen verschwanden. Ein erstes Indiz war der Untergang des Bundes der Heimatvertriebenen und Entrechteten (BHE), der Anfang der 60er Jahre nicht nur wegen der 5-%-Klausel von der politischen Bühne verschwand.

Von der 5-%-Klausel befreit ist dagegen die dänische Minderheit, die bisher aus dem alten Landesteil Schleswig und jetzt in ganz Schleswig-Holstein Abgeordnete für den Landtag wählen lassen kann. Ihre politische Organisation, der Südschleswigsche Wählerverband SSW, hat manchmal eine entscheidende Rolle mit seinen Abgeordneten spielen können. Maßgebend dafür waren die sog. Bonn-Kopenhagener Erklärungen von 29.3.1955. Sie regelten die politische Mitwirkung und die kulturelle Autonomie für die etwa 20.000 Mitglieder starke deutsche Minderheit in Dänemark und die etwa 50.000 Personen zählende dänische Minderheit in Schleswig-Holstein. Beide Minderheiten haben ihre eigenen Schulen, die oft besser ausgestattet sind als die nationalen Schulen in der Nachbarschaft, die nur von einer Seite finanziert werden. Auch hier zeigt sich Integration in hohem Maße. Die Abiturienten an der deutschen Schule in Åbenrå tragen die typischen Studentenmützen aller skandinavischen Abiturienten, und die ABC-Schützen an dänischen Schulen in Schleswig-Holstein verlangen genauso wie die Nachbarskinder nach den typisch deutschen Schultüten. Wenn allerdings die Volksgruppen-Organisationen zu ihren Gedenktagen aufmarschieren, tragen sie nur ihre eigenen Nationalfahnen, nicht die ihres Wohnlandes. In diesem sind die Minderheiten aber nicht, wie in so vielen anderen Staaten, zugleich auch Randgruppen; und das mit den Fahnen wird sich vielleicht auch bald geben.

Verzeichnis der Museen

■ Ahrensburg

Museum der schleswig-holsteinischen Adelskultur

Lübecker Str. 1, 22926 Ahrensburg
Tel. 04102/42510, Fax 04102/678831
Autoreisende folgen den Hinweisschildern „Schloss". Bahnreisende fahren ab Bahnhof mit Buslinie 569 oder 769 oder gehen 15 Minuten zu Fuß.
Öffnungszeiten: März–Oktober:
Di–Do, Sa, So 11–17 Uhr;
November–Februar: Mi, Sa, So 11–17 Uhr;
geschlossen: 24.12., 31.12., 1.1., Karfreitag.
Eintritt: Erwachsene 4,– Euro;
Kinder bis 12 Jahre 2,– Euro

■ Albersdorf

Museum für Archäologie und Ökologie
Bahnhofstr. 29, 25767 Albersdorf
Tel. 04835/971974; Fax 04835/972390
Bahnhofstr. 29, im ehem. Bahnhofshotel gegenüber dem Bahnhof, 800 m Fußweg vom Steinzeitpark.
Öffnungszeiten: So 11–17 Uhr,
Di–Fr 10.30–17 Uhr,
Sa (nur Juli und August) 14–17 Uhr
Eintritt: Erwachsene 2,– Euro,
Kinder 1,– Euro

Steinzeitpark
Bahnhofstr. 23, 25767 Albersdorf (Postanschrift; eigentliche Lage: Ortsausgang Richtung Meldorf/Hanerau-Hademarschen)
Tel. 04835/950293, Fax 04832/9597377
Am südlichen Ortsrand, wo die Süderstraße zur A 23 und nach Itzehoe bzw. Meldorf weiterführt, weist ein Schild nach Osten zum Steinzeitpark bzw. Archäologisch-Ökologischen Zentrum Albersdorf (AÖZA).
Das Gelände ist durch bequeme, erholsame Wanderwege durch Wald und Weiden erschlossen und ganzjährig zugänglich. Von Mai bis Oktober an Sonntagnachmittagen Führungen; sehr vielfältiges museumspädagogisches Programm für Kinder und Erwachsene (Flintsteinbearbeitung, Bogenschießen usw.) nach Vereinbarung.
Öffnungszeiten: ganzjährig
Eintritt: kostenlos, aber Parkgebühren

■ Aumühle

Bismarck-Museum
Am Museum 5, 21521 Friedrichsruh-Aumühle
Tel. 04104/2419; Fax 04104/960327
Aumühle liegt an der Kreuzung der Landstraßen 314 und 208. Der Bahnhof heißt Friedrichsruh. Das Museum liegt zwei Minuten Fußweg vom Bahnhof. Parkplätze und Restaurant auf dem Gelände.
Öffnungszeiten:
April bis Oktober: Di–So 10–18 Uhr;
November bis März: Di–So 10–16 Uhr
Eintritt: Erwachsene 4,– Euro,
Kinder 2,– Euro

Barmstedt

Museum der Grafschaft Rantzau
Rantzau 12, 25355 Barmstedt
Tel. 04123/4296; Fax 04123/68160
Im Südwesten der Stadt in einem großen Erholungsgelände um den 1934–37 von Reichsarbeitsdienstlern gegrabenen Stausee der Krückau liegt das Museum im ehemaligen Amtsgerichtsgebäude. Die ruhige Nebenstraße mit großem Parkplatz biegt von der Durchgangsstraße von Elmshorn nach Henstedt-Ulzburg ab. Schräg gegenüber dem Museum ein Café mit lauschiger Parkterrasse.
Öffnungszeiten: So 14–18 Uhr und nach Vereinbarung
Eintritt: Spende, Richtwert Erwachsene 0,50 Euro, Kinder 0,25 Euro

Brammer

Max sien Steenstuv
Brammerau 2, 24793 Brammer
Tel. 04392/4712
Von der B 205 (Neumünster–Rendsburg) biegt man an der Abfahrt Brammer in den Ort ein. An der ersten Straßenkreuzung nach rechts in die Hauptstraße, die ab einer Verengung Brammerau heißt. Dieser folgen, bis sie rechts über eine Brücke führt. Gleich hinter der Brücke nach rechts abbiegen, etwa 100 m zum Haus Nr. 2.
Öffnungszeiten: nach Vereinbarung
Eintritt: Spende

Büsum

Büsumer Freilicht-Deichmuseum
Vom ersten Kreisverkehr im Osten des Ortes fährt man nach rechts über weitere drei Verkehrskreisel in den Norden von Büsum zum Parkplatz P 1. Von dort 250 m Fußweg zum Museumsgelände.
Das Museum ist ganzjährig geöffnet und frei zugänglich.

Museum am Meer
Am Fischereihafen 19, 25761 Büsum
Tel. 04834/6734; Fax 04834/6734
Das kleine Museum liegt im Süden des Ortes, direkt am Fischereihafen, wenige hundert Meter von der Erlebnisschau „Sturmflutwelt Blanker Hans“. Parkplatz hinter dem Museum, mehrere Restaurants 200 m entfernt.
Öffnungszeiten: 1. März–31. Oktober und 26. Dezember–9. Januar: Di–Fr 11–17 Uhr, Sa 13–17 Uhr, So 11–17 Uhr
Eintritt: Erwachsene 2,50 Euro, Kinder 1,– Euro

Dannewerk

Danevirke Museum, Sydslesvigsk Forening
Ochsenweg 5, 24867 Dannewerk
Tel. 04621/37814, Fax 04621/31025
Im Ort Dannewerk, etwa 3 km westlich vom Schleswiger Stadtteil Friedrichsberg, liegt das vom Sydslesvigsk Forening, der Vertretung der dänischen Volksgruppe in Schleswig-Holstein, eingerichtete und unterhaltene Museum. Beim Museum mit Parkplatz ist auch ein Picknickplatz und nebenan ein Restaurant mit preiswerter regionaler Küche.
Öffnungszeiten: 15.2.–25.3.: Di–So 10–16 Uhr; 26.3.–25.10.: Di–Fr 9–17 Uhr, Sa, So 10–17 Uhr; 26.10.–30. 11.: Di–So 10–16 Uhr; 1.12.–14.2. Winterpause
Eintritt: Erwachsene 2,– Euro, Kinder 1,– Euro

Dybbøl (Düppel)

Historiecenter Dybbøl Banke (Düppeler Höhe)
Dybbøl Banke 16, DK-6400 Sønderborg
Tel. 0045/74489000, Fax 0045/74489922
Das kleine, aber vielseitige Museum ist erreichbar von der A 7 an Flensburg vorbei etwa 5 km hinter Padborg. Dort auf die dänische Straße Nr. 8 in Richtung Sønderborg abbiegen. Etwa 3 km vor Sønderborg zweigt rechts eine Straße nach Dybbøl ab. An diesem Ort vorbeifahren, bis diese Straße in eine Querstraße mündet, an der man links schon das Museum sieht.
Öffnungszeiten: 1.4.–24.10.: tgl. 10–17 Uhr
Eintritt: Erwachsene Hauptsaison 80 Kr. (11,03 Euro), Nebensaison 55 Kr. (7,59 Euro); Kinder Hauptsaison 35 Kr. (5,– Euro), Nebensaison 25 Kr. (3,50 Euro). Die Eintrittskarte gibt 5 Kr. Rabatt beim Besuch des Museums in Sønderborg.

Eckernförde

Museum Eckernförde
Rathausmarkt 8, 24340 Eckernförde
Tel. 04351/712547, Fax 04351/712549
Mitten in der Fußgängerzone liegt das Museum in einem Flügel des alten Rathauses am Marktplatz. Zudem liegt es zwischen einem guten Restaurant und einem renommierten Café. Parken kann man am besten auf einem gebührenfreien Parkplatz nördlich des Bahnhofs, etwa 500 m Fußweg vom Museum.
Öffnungszeiten: Mai–Oktober: Di–Sa 10–12.30 und 14.30–17 Uhr, So 11–17 Uhr; November–April: Di–Sa 14.30–17 Uhr, So 11–17 Uhr
Eintritt: Erwachsene 2,– Euro, Kinder 0,50 Euro

Elmshorn

Industriemuseum
Catharinenstr. 1, 25335 Elmshorn
Tel. 04121/268870, Fax 04121/268872
Das Museum liegt mitten in der Innenstadt, wenige Schritte vom Bahnhof und ZOB; zwei Parkplätze in der Nähe. Das Gebäude war Teil einer Margarinefabrik, ist behindertengerecht und hat ein kleines Café im Erdgeschoss neben der Kasse. Besondere Beschäftigungsangebote für Kinder und thematische Sonderführungen für Erwachsene. Besichtigungsdauer: 1–2 Stunden.
Öffnungszeiten: Di–So 14–17 Uhr; zusätzlich: Mi, So 10–12 Uhr, Do 17–19 Uhr
Eintritt: Erwachsene 3,– Euro, Kinder frei

Jüdischer Friedhof
Feldstraße, 25335 Elmshorn
Tel. 04121/268870 (Industriemuseum)
Er liegt etwa fünf Minuten Fußweg vom Bahnhof. Vom Ausgang Königstraße nach links bis zur Feldstraße, diese nach rechts bis kurz vor die Einmündung in die Ost-West-Straße. Mit dem PKW von der Landstraße 100 nach Osten in die Gärtnerstraße; bei deren Übergang in die Ost-West-Straße Parkplatz, diesem gegenüber am Beginn der Feldstraße der Friedhof.
Öffnungszeiten: Mai–September, 1. Sonntag im Monat: 14–17 Uhr
Eintritt: frei

Eutin

Ostholstein-Museum
Schlossplatz 1, 23701 Eutin
Tel. 04521/788520, Fax 04521/78896520
In einem ehemaligen Nebengebäude des Schlosses (das nun selbst nach langjähriger Restaurierung sehr sehenswert ist) stellt das von vielen, allerdings schon früh am Tag besetzten Parkplätzen umgebene Museum das Leben in einer kleinen Residenzstadt dar.
Öffnungszeiten: April–September: Di–Fr 10–13 und 14–17 Uhr, Sa, So 10–17.30 Uhr; Oktober–März: Mi–Fr 15–17, Sa 13–17 Uhr, So 11–17 Uhr
Eintritt: Erwachsene 3,– Euro, 14–18 Jahre 1,– Euro, unter 14 Jahre: frei

Flensburg

Eiszeit-Haus
Mühlenstr. 7, 24937 Flensburg
Tel. 0461/852577, Fax 0461/852993 (mit Zusatz „Eiszeit-Haus")
Das Museum liegt etwa 5 Min. Fußweg vom Museumsberg entfernt; siehe Erreichbarkeit daher dort. Stadtbus Linie 2 bis Haltestelle Wrangelstraße in der Mühlenstraße. Kostenlose Parkplätze am Haus.
Öffnungszeiten: Mai–September: Mi, So 10.30–18 Uhr; Oktober–April: Mi, So 10.30–16 Uhr
Eintritt: kostenlos

Flensburger Schifffahrtsmuseum
Schiffbrücke 39, 24939 Flensburg
Tel. 0461/852970, Fax 0461/851665
Direkt am Hafen gegenüber der Museumswerft in einem ehemaligen Zollhaus liegt das Schifffahrtsmuseum. Man braucht also nur den Hinweisschildern zum Hafen zu folgen. Parkplätze gegenüber dem Museum. Busse vom Bahnhof. Restaurants in der Nachbarschaft.
Öffnungszeiten: April–Oktober: Di–So 10–17 Uhr; November–März: Di–So 10–16 Uhr
Eintritt: Erwachsene 4,– Euro, Kinder 1,50 Euro; Kombikarte für Schifffahrtsmuseum und Museumsberg 5,– Euro

Museumsberg (Heinrich-Sauermann-Haus)
Museumsberg 1, 24939 Flensburg
Tel. 0461/852956, Fax 0461/852993

Der Museumsberg, zu dem auch das Hans-Christiansen-Haus gehört, ein Museum für Kunst und Möbel des 19. Jahrhunderts, liegt hoch über der Stadt parallel zur Einkaufsstraße Holm. Zufahrt von der B 200 über Marienallee, Mühlenstraße und Reepschlägerbahn. Kostenlose Parkmöglichkeit beim Museum. Stadtbus der Linie 2 bis Haltestelle Museumsberg in der Stuhrsallee.
Öffnungszeiten: April–Oktober: Di–So 10–17 Uhr; November–März: Di–So 10–16 Uhr
Eintritt: Erwachsene 4,– Euro, Kinder 1,50 Euro; Kombikarte wie Schifffahrtsmuseum

■ Friedrichstadt

Stadtmuseum „Alte Münze"
Am Mittelburgwall 23, 25840 Friedrichstadt
Tel. 04881/1511
Das Gebäude war nie eine Münzprägestätte, sondern ein Speichergebäude von 1626. Es liegt in einer Nebenstraße des Marktplatzes, auf dem man parken kann. Fußweg vom Bahnhof etwa 10 Minuten.
Öffnungszeiten: April–Mai: Di–So 15–17 Uhr; Juni–September: tgl. 11–17 Uhr; Oktober: Di–Fr 15–17 Uhr, Sa, So 13–17 Uhr; November–März: geschlossen
Eintritt: Erwachsene 1,50 Euro, Kinder 1,– Euro

■ Glücksburg

Schlossmuseum
Schloss, 24960 Glücksburg
Tel. 04631/2243, Fax 04631/2450
Beinahe das ganze Schloss, Deutschlands größtes Wasserschloss, aus dem 16. Jahrhundert ist heute Museum, am Stadtrand gelegen. Der Weg ist im Ort ausgeschildert. Parken am Schlossteich. Restaurant im Schlosskeller.
Öffnungszeiten: Mai–September: tgl. 10–17 Uhr 10–17 Uhr; Oktober: Di–So 10–16.30 Uhr; November–März: Sa, So 10.30–15.30 Uhr; April Di–So 10–16 Uhr
Eintritt: Erwachsene 5,– Euro, Kinder 3,50 Euro

■ Glückstadt

Detlefsen-Museum im Brockdorff-Palais
Am Fleth 43, 25348 Glückstadt
Tel. 04124/937630, Fax 04124/980465
Mitten in der Altstadt direkt an der Hauptstraße im Zuge der B 431 liegt das Museum, nur fünf Minuten vom Bahnhof entfernt und nahe bei den Parkmöglichkeiten am Marktplatz und am Hafen.
Öffnungszeiten: Mi 14–17 Uhr (Juni–August 14–18 Uhr); Do–Sa 14–18 Uhr; So 14–17 Uhr
Eintritt: Erwachsene 2,50 Euro, Kinder frei

■ Haddeby

Wikinger-Museum Haithabu, Schleswig-Holsteinische Landesmuseen Schloss Gottorf
Am Haddebyer Noor 5, 24866 Busdorf
Tel. 04621/813-222, Fax 04621/813-555
Das Museum liegt in der Gemeinde Haddeby, etwa 5 km südwestlich von Schleswig an der B 76, und gehört zum Schleswig-Hol-

steinischen Landesmuseum Schloss Gottorf. An der B 76 weist ein Schild auf die Abfahrt zum Museum hin. Vom Parkplatz sind es einige hundert Meter zum Eingang. Fußweg vom Bahnhof etwa 3 km, im Sommer Motorboot vom Hafen Schleswig beim Dom und ZOB zum Museum. Ein leistungsfähiges Restaurant hat von April bis November geöffnet.
Öffnungszeiten: April–Oktober: tgl. 9–17 Uhr; November–März: Di–So 10–16 Uhr
Eintritt: Erwachsene 6,– Euro, Familien 13,– Euro, Kinder 3,50 Euro

Wikinger-Häuser Haithabu
gleiche Adresse wie Museum
Öffnungszeiten: April–Oktober 9–17 Uhr
Eintritt: im Museumseintritt enthalten

Hamburg

Altonaer Museum für Kunst und Kulturgeschichte
Museumstr. 23, 22765 Hamburg
Tel. 040/4281353582, Fax 040/4281352143
Man fährt von der Max-Brauer-Allee in Altona nach Westen in die Lobuschstraße, dann ist die erste Querstraße die Museumstraße (Richtung Süden). Kommt man mit der Bahn, nimmt man im Bahnhof Altona den Ausgang Museumstraße und ist nach einigen hundert Metern am Museum, das über eine große Kinderabteilung und ein Restaurant namens „Vierländer Kate" verfügt, ein Gebäude von 1745, das hier mit den Originalbestandteilen wieder aufgebaut wurde und eine regionale Küche anbietet.
Öffnungszeiten: Di–So 10–17 Uhr
Eintritt: Erwachsene 6,– Euro, ermäßigt 4,– Euro, Kinder frei

Museum für Hamburgische Geschichte
Holstenwall 24, 20355 Hamburg
Tel. 040/4281322380, Fax 040/4281323103
Das Museum, in falschem Deutsch neuerdings als hamburgmuseum bezeichnet, liegt in einem eindrucksvollen Bau an einem Park am Rande der Innenstadt. Vom Dammtor-Bahnhof fährt man nach Süden auf der Dammtorstraße bis zum Stephansplatz, dort nach rechts in den Gorch-Fock-Wall, der in den Holstenwall übergeht. Das erste Haus rechts ist das Museum. Mit der Bahn bis Dammtor-Bahnhof. Durch den Südausgang auf einem kurzen Fußweg durch den Alten Botanischen Garten zum Stephansplatz; von dort mit dem Bus 112 bis Haltestelle Museum. Café und Restaurant im Hause.
Öffnungszeiten: Di–Sa 10–17 Uhr, So 10–18 Uhr
Eintritt: Erwachsene 7,50 Euro, ermäßigt 4,– Euro, Kinder frei

Heide

Museumsinsel Lüttenheid mit Heider Heimatmuseum
Lüttenheid 40, 25746 Heide
Tel. 0481/63742, Fax 0481/6850490
Mit dem Klaus-Groth-Museum bildet das Heimatmuseum einen Verbund in drei Häusern am Rande der Innenstadt. Etwa 15 Minuten Fußweg vom Bahnhof, Parkplätze in der Nähe des Museums, Zufahrt gut beschildert („Museumsinsel").
Öffnungszeiten: Di–Do 11.30–17 Uhr, Fr 11.30–14 Uhr, Sa 14–17 Uhr, So 11.30–17 Uhr
Eintritt: Erwachsene 2,50 Euro, Kinder 1,– Euro

Husum

Nordsee-Museum Nissenhaus
Herzog-Adolf-Str. 25, 25813 Husum
Tel. 04841/2545, Fax 04841/63280
Die Herzog-Adolf-Straße beginnt unmittelbar vor dem Bahnhof. Das Museum hat die Hausnummer 25 auf der rechten Seite. Parkplatz beim Museum, ebenso Kinderspielplatz im Museumsgarten; Museumsladen und Café im Hause.
Öffnungszeiten: April–Oktober: tgl. 10–17 Uhr, November–März: Di–So 11–17 Uhr
Eintritt: Erwachsene 5,– Euro, Kinder 2,– Euro

Schifffahrtsmuseum Nordfriesland
Zingel 15, 25813 Husum
Tel. 04841/5257
Man folge den Hinweisschildern zum Hafen. Der Zingel ist die Straße, die quer am Hafenende entlangläuft. Parken in der Hafenstraße. Fußweg vom Bahnhof etwa 5 Minuten.
Öffnungszeiten: tgl. 10–17 Uhr
Eintritt: Erwachsene 3,– Euro; Kinder 1,50 Euro

Idstedt

Idstedt-Halle
24879 Idstedt, Ortsteil Idstedt-Kirche
Tel. 04625/402
Das kleine Museum mit angeschlossener Gaststätte liegt an der Kreuzung der Straßen von Schleswig nach Stenderupau und von Gammellund nach Böklund 3 km östlich der A 7 und 2 km östlich der Landstraße von Schleswig nach Flensburg im Ortsteil Idstedt-Kirche.
Öffnungszeiten: 1.4.–30.9.: Di–Sa 8–18 Uhr, 1.10.–31.3.: So–Fr 9–17 Uhr
Eintritt: Erwachsene 1,50 Euro, Kinder 0,50 Euro

Megalith-Grab bei Idstedt
Das Grab liegt auf einer Anhöhe an der Straße zwischen Idstedt-Kirche und Schleswig, etwa 2 km südlich von der Idstedt-Halle.
Von der Idstedt-Halle aus auf der Kreisstraße 44 nach Süden in Richtung Schleswig. In einem Waldstück sind beiderseits Parkplätze. Ein Schild „Megalithgrab“ weist von der Straße nach Osten, wo nach 200 m in einer Senke das Großsteingrab unter einem Erdhügel liegt.

Itzehoe

Kreismuseum Prinzesshof
Kirchenstr. 20, 25524 Itzehoe
Tel. 04821/64068, Fax 04821/747012
Das Museum liegt in der Innenstadt am Beginn der Fußgängerzone etwa 50 m von der Laurentiikirche. Parken auf dem Parkdeck Brunnenstraße oder im Parkhaus am ZOB.
Öffnungszeiten: Di–So 10–12 und 15–17.30 Uhr
Eintritt: Erwachsene 1,50 Euro, Kinder 0,50 Euro

Keitum

Sylter Heimatmuseum
Am Kliff 19, 25980 Keitum
Tel. 04651/31669, Fax 04651/32884
Die Straße Am Kliff liegt am östlichen Ortsrand, direkt vor dem Wattenmeer. Bahnhof am südwestlichen Ortsrand, Fußweg etwa 20 Minuten. Parken im ganzen Ort sehr schwierig.
Öffnungszeiten: April–Oktober: Mo–Fr 10–17 Uhr, Sa, So 11–17 Uhr; November–März: Di–Sa 12–16 Uhr
Eintritt: Erwachsene 3,50 Euro, Kinder 1,75 Euro

■ Kiel

Foto: U. Dagge

Schifffahrtsmuseum
Wall 65, 24103 Kiel
Tel. 0431/9013428, Fax 0431/9709728
Das Museum ist in der ehem. Fischhalle aus dem Jahr 1909 am Westufer des Hafens untergebracht.
Vom Bahnhof aus knapp 1 km Fußweg immer am Hafen entlang in Richtung Norden. Parkplätze nördlich vom Museum bei den Schiffsanlegern. Zum Museum gehört ein Museumshafen mit drei historischen Schiffen (manchmal Demonstrationsfahrten mit Besuchern).
Öffnungszeiten: 15.4.–14.10.: tgl. 10–18 Uhr, 15.10.–14.4.: Di–So 10–17 Uhr
Eintritt: Erwachsene 3,– Euro, Kinder 1,50 Euro

■ Ladelund

KZ-Gedenk- und Begegnungsstätte
Raiffeisenstr. 3, 25926 Ladelund
Tel. 04666/449
Die Gedenkstätte ist eine Einrichtung der evang. St. Petri-Kirchengemeinde Ladelund. Sie ist erreichbar, indem man die B 199 von Flensburg nach Westen bzw. von Niebüll nach Osten fährt und in Wallsbüll bzw. Leck in Richtung Norden nach Ladelund abbiegt. Parken am Museum.
Öffnungszeiten: Di–Fr 10–16 Uhr, Sa, So 14–16 Uhr und nach Vereinbarung
Eintritt: frei

■ Lauenburg

Elbschifffahrtsmuseum
Elbstr. 59, 21481 Lauenburg
Tel. 04153/599935, Fax 04153/550754
Die Elbstraße verläuft parallel zur Elbe und ist nur flussaufwärts zu befahren; wenige

Parkplätze gegenüber dem Museum, viele dagegen am Ende der Straße am Hafen.
Öffnungszeiten: März–Oktober: tgl. 10–17 Uhr; November–Februar: Mi, Fr, Sa, So 10–13 Uhr und 14–16.30 Uhr
Eintritt: Erwachsene 2,– Euro, Kinder 0,50 Euro

Lübeck

Museum für Archäologie im Burgkloster
Hinter der Burg 2–6, 23552 Lübeck
Tel. 01805/929200 und 0451/122-4184; Fax 0451/122-4198
Das Museum befindet sich in einem Anbau an das Burgtor im Nordwesten der Altstadt. Wenn man auf einem der Parkplätze an der MuK (Musik- und Kongresshalle) südlich der Trave geparkt hat, ist es zu Fuß gut zu erreichen. Kommt man mit der Bahn, sollte man einen Bus durch die Innenstadt nehmen.
Öffnungszeiten: 1.1.–31.3.: Di–So 11–17 Uhr; 1.4.–31.12.: Di–So 10–17 Uhr
Eintritt: wie Museum Holstentor

Museum Holstentor
Holstentorplatz, 23552 Lübeck
Tel. 01805/929200 und 0451/122-4129; Fax 0451/122-4183
Fast alle Fernstraßen, die zum Zentrum der Stadt führen, enden vor dem Holstentor, der weltweit bekannten Befestigung einer stolzen Stadt, im Süden der Altstadt. Unmittelbar westlich davon liegen mehrere Parkplätze bei der MuK (Musik- und Kongresshalle). Der Bahnhof liegt einige hundert Meter südwestlich vomHolstentor. Die Innenstadt sollte man nur zu Fuß oder mit öffentlichen Verkehrsmitteln besuchen. Das Holstentormuseum hat recht enge Wendeltreppen!
Öffnungszeiten: 1.1.–31.3. Di– So 11–17 Uhr; 1.4.–31.12. Mo–So 10–18 Uhr
Eintritt: Erwachsene 5,– Euro, Kinder unter 6 Jahre frei, über 6 bis 18 Jahre 2,– Euro; Kombikarte Duo (2 Museen in 3 Tagen) 7,– Euro, Trio (3 Museen in 3 Tagen) 10,– Euro, alle Museen in 1 Woche 15,– Euro

St. Annen-Museum
St. Annen-Str. 15, 23552 Lübeck
Tel. 01805/929200 und 0451/122-4137; Fax 0451/122-4183
Das ehemalige Kloster St. Annen im Nordosten der Altstadt ist ein passender Ort für dieses Museum. Zufahrt mit Stadtplan (Parken in Seitenstraße) oder öffentlichen Verkehrsmitteln.
Öffnungszeiten: 1.1.–31.3.: Di–So 11–17 Uhr; 1.4.–31.12.: Di–So 10–17 Uhr
Eintritt: wie Museum Holstentor

Lütjenburg

Eiszeitmuseum
Am nördlichen Ortsrand Lütjenburgs von der L 165 westwärts in die Straße Nienthal einbiegen, etwa 2 km bis zum Museum, dort auch Parkplatz. Ein Café bietet einen Imbiss an; Verkauf von Bernsteinschmuck, Fossilien usw.
Nienthal 7, 24321 Lütjenburg
Tel. 04381/415210
Öffnungszeiten: Juni–September: tgl. 10–18 Uhr; Oktober, April, Mai: Di–So 10–18 Uhr; November, Januar–März: Sa, So 10–17 Uhr
Eintritt: Erwachsene 3,– Euro, Kinder 2,– Euro

■ Meldorf

Dithmarscher Landesmuseum
Bütjestr. 2–4, 25704 Meldorf
Tel. 04832/60006-0, Fax 04832/60006-17
Das Museum ist vom Dom am Marktplatz aus etwa 100 m entfernt (beschildert). Parkplatz beim Museum. Fußweg vom Bahnhof durch die Innenstadt etwa 15 Minuten.
Öffnungszeiten: Ostern–Oktober: Mo–Fr 10–16.30 Uhr, Sa, So 11–16 Uhr; November–Ostern: Di–Fr 10–16 Uhr, So 11–16 Uhr
Eintritt: Erwachsene 3,– Euro, Kinder 1,– Euro

Schleswig-Holsteinisches Landwirtschaftsmuseum
Jungfernstieg 4, 25704 Meldorf
Tel. 04832/97939-0, Fax 04832/999772
Der Jungfernstieg, an dem das Museum (mit eigenem Parkplatz, Rosengarten und umgesetztem Bauernhaus aus dem 18. Jahrhundert sowie Bauerncafé „Neue Holländerei") liegt, ist ein Teil der Bundesstraße 5, die am Westrand durch Meldorf führt. Fußweg vom Bahnhof am Ostrand der Stadt etwa 30 Minuten.
Öffnungszeiten: April–Oktober: Di–Fr 9–17 Uhr, Sa, So 11–17 Uhr; November–März: Di–Fr 9–17 Uhr, So 11–17 Uhr
Eintritt: Erwachsene 3,– Euro, Kinder 1,– Euro

■ Molfsee

Schleswig-Holsteinisches Freilichtmuseum
Hamburger Landstraße 97, 24113 Molfsee
Tel. 0431/65966-0, Fax 0431/65966-25
Das 80 ha große Gelände liegt in Molfsee, einem südlichen Vorort Kiels, in dem Winkel zwischen B 4 und Hamburger Landstraße, den beiden Zufahrtsstraßen zum Museum. Von der Autobahn, dem Theodor-Heuß-Ring und der Bundes-

straße 4 den Hinweisschildern „Freilichtmuseum“ folgen. Parkplätze auf dem Gelände. Der KVAG-Bus 1 fährt vom Hauptbahnhof zur Haltestelle Schulensee, der Autokraft-Bus Linie 1680 vom Hauptbahnhof in Richtung Flintbek. Für einen halbwegs vollständigen und gründlichen Rundgang sollte man einen ganzen Tag einplanen. Das Restaurant Drathenhof, selbst ein historisches Gebäude, liegt unmittelbar neben dem Museumseingang. Auf dem Museumsgelände Imbiss in Bäckerei, Räucherkate und Jahrmarkt.
Öffnungszeiten: 1.4.–31.10.: Di–So 9–18 Uhr; 1.7.–15.9.: zusätzlich Mo 9–18 Uhr; 1.11.–31.3.: So 11–16 Uhr
Eintritt: Erwachsene 8,– Euro, Kinder 5,– Euro

Mölln

Möllner Museum Historisches Rathaus
Am Markt 12, 23879 Mölln
Tel. 04542/835462, Fax 04542/836503
Das kleine Museum liegt am Markt im alten Rathaus. Parken am besten in der Nähe des Bahnhofs; kurzer Fußmarsch durch die Fußgängerzone.
Öffnungszeiten: 1.5.–31.10.: Di–Fr 10–13 Uhr und 14–17 Uhr, Sa, So 11–17 Uhr; 1.11.–30.4.: Di–Fr 13–16 Uhr, Sa, So 11–16 Uhr
Eintritt: Erwachsene 2,– Euro, Kinder 1,50 Euro

Neumünster

Museum Tuch und Technik, Textilmuseum Neumünster
Kleinflecken 1, 24534 Neumünster
Tel. 04321/559580, Fax 04321/5595819
Das Museum liegt neben der Stadthalle in der Innenstadt. Fußweg vom Bahnhof etwa 10 Minuten. Mit dem Auto den Schildern „Stadthalle“ oder „Museum“ folgen, Parkplatz Kleinflecken am Museum oder gegenüber dem ZOB. Museumscafé und Laden mit Museumsprodukten, insbes. Stoffen.
Öffnungszeiten: Di–Fr 9–17 Uhr, Sa, So 10–18 Uhr
Eintritt: Erwachsene 6,– Euro, Kinder 3,– Euro

Niebüll

Friesisches Museum
Osterweg 76, 25899 Niebüll
Tel. 0175/4146185
Vom Bahnhof aus fährt man nach links in die Rathausstraße, die in den Osterweg mündet. Diesen wieder nach links fahren, bis rechts das Museum (altes Bauernhaus) auftaucht.
Öffnungszeiten: Juni–September: tgl. 14–16 Uhr; sonst nach tel. Vereinbarung
Eintritt: Erwachsene 2,– Euro, Kinder 1,– Euro

Oldenburg

Oldenburger Wallmuseum
Prof.-Struve-Weg 1, 23758 Oldenburg i. H.
Tel. 04361/498103, Fax 04361/3402
Das Museum liegt am nördlichen Ortsrand in der Nähe der ehem. slawischen Wallburg. Die Zufahrt zum großen Parkplatz ist gut ausgeschildert. Ein gutes Restaurant befindet sich auf dem Gelände.
Öffnungszeiten: April–Oktober: Di–So 10–17 Uhr
Eintritt: Erwachsene 3,50 Euro, Kinder 1,50 Euro

Plön

Museum des Kreises Plön
Johannisstr. 1, 24306 Plön
Tel. 04522/744391, Fax 04522/744393
Das Museum liegt am westlichen Rand der Innenstadt an dem Verkehrsknotenpunkt von B 76 und B 430. Aus Kiel kommt man auf der B 76 dorthin und fährt an der Ampel nach rechts in die Hamburger Straße. Das erste Haus rechts ist das Museum. Parken gegenüber in der Stadtgrabenstraße. Aus Lübeck kommt man auf der B 76 aus der Gegenrichtung. Die Straße heißt dort Rautenbergstraße und ab Ampel Hamburger Straße. Aus Richtung Ascheberg kommt man auf der Hamburger Straße zum Museum.
Öffnungszeiten: 18.3.–30.9.: Di–So 10–12 Uhr und 14–17 Uhr; 1.10.–17.3.: Di–Sa 14–17 Uhr
Eintritt: Erwachsene 1,50 Euro, ermäßigt 1,– Euro, Kinder frei

Ratzeburg

Kreismuseum im Herrenhaus Ratzeburg
Domhof 12, 23909 Ratzeburg
Tel. 04541/8607-0, Fax 04541/8607-10
Gleich neben dem Dom liegt das Museum in einem Herrenhaus aus der Mitte des 18. Jahrhunderts. Die Küche von 1766 ist noch weitgehend erhalten. Parken kann man neben dem Rathaus mit einem längeren Anmarsch zum Museum oder auf dem Parkplatz vor dem Bundesleistungszentrum Rudern direkt am See mit kurzem Weg zum Museum. Der Bahnhof liegt, vom Museum aus gesehen, noch hinter dem Rathaus.
Öffnungszeiten: Di–So 10–13 Uhr und 14–17 Uhr
Eintritt: Erwachsene 1,50 Euro, Kinder 0,50 Euro

Rendsburg

Historisches Museum
Arsenalstr. 2–10, 24768 Rendsburg
Tel. 04331/331336, Fax 04331/27687
In einem ehemaligen Militärgebäude, dem Hohen Arsenal, erbaut von dem berühmten Festungsbaumeister Domenico Pelli, liegt das Museum am Paradeplatz in der Mitte der Garnisonsvorstadt Neuwerk. Es ist etwa 500 m vom Bahnhof entfernt, parken kann man direkt auf dem Paradeplatz.
Öffnungszeiten: Di–Fr 10–12 Uhr und 15–18 Uhr, Sa, So 10–13 Uhr und 14–17 Uhr
Eintritt: Erwachsene 2,50 Euro, Kinder 1,50 Euro

Jüdisches Museum
Prinzessinstr. 7–8, 24768 Rendsburg
Tel. 04331/25262, Fax 04331/24714
Das Museum liegt am Rand des Festungsviertels Neuwerk, zehn Minuten Fußweg von Bahnhof. Parken neben dem Bahnhof.
Öffnungszeiten: Di–So 12–17 Uhr
Eintritt: Erwachsene 3,– Euro, Kinder 1,– Euro

Schlagsdorf

Grenzhus, Museum zum Leben an der innerdeutschen Grenze
Neubauernweg 1, 19217 Schlagsdorf
Tel. 038875/20326, Fax 038875/20735
Gerade eben außerhalb Schleswig-Holsteins liegt Schlagsdorf im mecklenburgischen Biosphärenreservat Schaalsee. Von Ratzeburg aus fährt man nach Nordosten auf der Straße in Richtung Schönberg. Nach etwa 6 km zweigt links eine Straße nach Thandorf ab, auf der man nach 2 km Schlagsdorf erreicht. Das Museum liegt am Südrand des Dorfes. Café im Hause.
Öffnungszeiten: Mo–Fr 10–16.30 Uhr; Sa, So 10–18 Uhr
Eintritt: Erwachsene 4,– Euro, Kinder 2,– Euro

Schleswig

Archäologisches Landesmuseum, Schleswig-Holsteinische Landesmuseen Schloss Gottorf
Schloss Gottorf, 24837 Schleswig
Tel. 04621/813-222, Fax 04621/813-555
Schloss Gottorf ist, wenn man aus Süden, Westen oder Norden nach Schleswig kommt, schon von Weitem zu sehen. Es liegt auf einer Insel im Westen der Stadt. Auf dem Gelände sind Parkplätze, zwei Restaurants, die Museumswerkstatt und Gebäude für Wechselausstellungen.
Öffnungszeiten: April–Oktober: tgl. 9–18 Uhr; November–März: Di–Fr 10–16 Uhr; Sa, So 10–17 Uhr
Eintritt: Erwachsene 8,– Euro, Kinder 5,– Euro. In der Regel berechtigt diese Eintrittskarte zum Besuch aller Ausstellungen auf der Schlossinsel und des Volkskunde-Museums im Laufe desselben Tages.

Museum für Kunst und Kulturgeschichte, Schleswig-Holsteinische Landesmuseen Schloss Gottorf
Schloss Gottorf, 24837 Schleswig
Tel. 04621/813-0 oder 813-222,
Fax 04621/813-555
Öffnungszeiten und Eintritt: wie Archäologisches Landesmuseum

Landesarchiv Schleswig-Holstein
Gottorfstr. 6, 24837 Schleswig
Tel. 04621/8618-00, Fax 04621/8618-01
Das Landesarchiv ist in einem um 1700 erbauten Palais untergebracht, das seinen Namen nach dem Prinzen von Noer, dem Führer der schleswig-holsteinischen Truppen bei der Erhebung von 1848, hat. Es liegt im Südwesten der Stadt im Stadtteil Friedrichsberg. Die Gottorfstraße erreicht man gleich nach der Abfahrt von der B 76 (Ausfahrt „Landesmuseen“) an der ersten Ampel rechts (Schild „Gerichte“).
Öffnungszeiten: Mo–Fr 8.30–17 Uhr
Benutzung: kostenlos

Stadtmuseum Schleswig
Friedrichstr. 9–11, 24837 Schleswig
Tel. 04621/9368-20, Fax 04621/9368-99
Das Museum, durch einen engen Durchgang in der Häuserfront erreichbar, liegt in einem ehem. Adelshof. Von der B 76 kommend, biegt man bei der ersten Ampel nach rechts in die Gottorfstraße ein; deren Fortsetzung ist die Friedrichstraße. Schon vor dem Museum zeigt ein Schild nach links zum Parkplatz hinter dem Museum. Auf dem Gelände sind ein Café und ein Puppenmuseum.
Öffnungszeiten: 1.7.–31.8. tgl. 10–17 Uhr; 1.9.–30.6. Di–So 10–17 Uhr
Eintritt: Erwachsene 4,– Euro,
Kinder 2,– Euro

Volkskunde-Museum
Suadicanistr. 46–54, 24837 Schleswig
Tel. 04621/96760, Fax 04621/967634
Wenn man von Westen in die Stadt fährt, muss man bei der ersten Ampel nach der Abfahrt zum Schloss (Landesmuseen) links einbiegen und den Schildern zum Museum folgen, das in einer ehem. Artillerie-Kaserne untergebracht ist. Parken auf dem Museumsgelände. In den Nebengebäuden ein wunderschön museales Café mit Gartenterrasse, das auch kleine Speisen anbietet.
Öffnungszeiten: April–Oktober: tgl. 10–18 Uhr; November–März: Di–Fr 10–16 Uhr, Sa, So 10–17 Uhr
Eintritt: Erwachsene 4,– Euro,
Kinder 2,50 Euro

Schönberg

Probstei-Museum
Ostseestr. 8–10, 24217 Schönberg
Tel. 04344/3174, Fax 04344/412834
Mit dem PKW erreicht man das Museum am schnellsten über die B 502 (neu). An der Kreuzung Schönberg/Kalifornien biegt man nach Süden in Richtung Schönberg ab und gerät im Ort direkt auf die Ostseestraße, an der rechts das Museum liegt (Parkplatz auf dem Gelände). Mit dem Bus erreicht man die Haltestelle Ostseestraße direkt gegenüber vom Museum ab Hbf. Kiel mit der Linie 200/201 in Richtung Schönberger Strand.
Öffnungszeiten: 15.3. bis 14.5.: So 14–17 Uhr; 15.5. bis 31.10.: Di–So 14–17 Uhr, Do auch 10–12 Uhr; 1. bis 30.11.: So 14–17 Uhr.
Eintritt: Erwachsene 2,– Euro;
Kinder 1,– Euro

Sønderborg

Museet på Sønderborg Slot
Sønderbro 1, DK-6400 Sønderborg
Tel. 0045/74422539, Fax 0045/74430655
Von der A 7 etwa 5 km hinter Padborg auf die dänische Straße Nr. 8 nach Sønderborg abbiegen. In Sønderborg durch die Stadt bis zur Südspitze den Schildern „Slot“ folgen. An der Südspitze des Hafens liegt das Schloss, in dessen drei Stockwerken das Museum mit Café (im Sommer samstags und sonntags von 12 bis 16 Uhr) liegt. Öffnungszeiten: April: Mo–So 10–16 Uhr; Mai–September: Mo–So 10–17 Uhr; Oktober: Mo–So 10–16 Uhr; November–März: Di–So 13–16 Uhr; 26. Dezember–30. Dezember: Di–So 13–16 Uhr
Eintritt: Erwachsene 5,50 Euro, Kinder frei. Die Eintrittskarte gibt 5 Kr. Rabatt beim Besuch des Historiecenter Dybbøl Banke

Unewatt

Landschaftsmuseum Angeln
Unewatter Str. 1a, 24977 Langballig-Unewatt
Tel. 04636/1021, Fax 04636/8226
An der B 199 Flensburg–Kappeln liegt südöstlich von Langballig dessen Ortsteil Unewatt an der nördlichen Straßenseite. Parkplatz direkt neben der B 199. Das Museum besteht aus fünf Gebäuden in dem kleinen Dorf. Dort ist auch ein Restaurant mit Angelner Spezialitäten.
Öffnungszeiten: Mai–September: Di–So 10–17 Uhr; April und Oktober: Fr–So 10–17 Uhr; November–März: geschlossen.
Eintritt: Erwachsene 4,50 Euro, Kinder bis 16 Jahre 1,– Euro